《放送大学印刷教材》

『日本の教職論（'22）』

追　補

（第 1 刷）

JN080764

【追補の趣旨】

　①2022（令和4）年教育職員免許法等の改正により，教員免許更新制に関する規定が削除され，普通免許状及び特別免許状の有効期間（10年）が廃止された。これに伴い，教員免許更新講習も廃止された（教育公務員特例法改正法に基づき，校長及び教員ごとに作成する「研修等に関する記録」と「資質の向上に関する指導及び助言」を核とする新たな研修制度に発展的解消）。これは，社会環境の変化を踏まえた，教師の知識技能の継続的修得の新たな在り方の必要性に関する議論，そして現在の教員の大量退職・採用期における教員の量的確保に関する議論を受けたものである。

　②2022（令和4）年12月，文部科学省発行『生徒指導提要』（初版2010年）が改訂された。本改訂は，近年の生徒指導上の課題の深刻化及びいじめ防止対策推進法成立（2013年成立）等の関連法規の制定状況を踏まえて，生徒指導の基本的な考え方や取組の方向性等を再整理したものである。

※本書公刊後も関連法令改正等の教育改革が多方面で進行しているが，今回の追補では，本書の内容理解と関わって重要度の高い上記の変更を取り上げる。

【追補の内容】

第1章　教員養成・教員採用における「資質能力」の考え方

本章の記述について，上述の趣旨①と関わって以下の通り削除・修正する。

・p.13　下から11行目　「（普通免許状と特別免許状の有効期間は10年）」の記述を削除する。
・p.23　欄外の注6）の記述を，次のように修正する。
　「　6）2022（令和4）年教育職員免許法等改正により，教員免許更新制度及び教員免許更新講習は廃止された（同時に改正された教育公務員特例法により，新たな研修制度に発展的解消された）。」

第5章　学習指導・生徒指導・学級経営の展開

本章「3．生徒指導」での文部科学省『生徒指導提要』に関する記述は，2010（平成22）年発行の初版に拠っているが，趣旨②のように同提要は2022（令和4）年に改訂された。本章の記述と関連する変更点を以下の通り補う。

・p.76の生徒指導の定義に関わる記述について，2022年改訂『生徒指導提要』では，「生徒指導とは，児童生徒が，社会の中で自分らしく生きることができる存在へと，自発的・主体的に成長や発達する過程を支える教育活動のことである。なお，生徒指導上の課題に対応するために，必要に応じて指導や援助を行う。」としている。
・p.77【生徒指導の視野と内容】での「生徒指導における視野」に関わる記述について，2022年改訂『生徒指導提要』では，「発達支持的生徒指導」「課題予防的生徒指導：課題未然防止教育」「課題予防的生徒指導：課題早期発見対応」「困難課題対応的生徒指導」の4つで再整理されている。本改訂では，発達を支える生徒指導の側面への着目から，初版での「成長を促す指導」が，「発達支持的生徒指導」「課題予防的生徒指導：課題未然防止教育」に分けて示された。

日本の教職論

大野裕己・露口健司

まえがき

　令和の学校教育は，新型コロナウイルス感染症（COVID-19）の世界
的流行等「予測の難しい時代」の到来と，学校教育のスタンダードを刷
新する動きで幕を開けた。後者の象徴例としては，1人1台端末及び学
校への高速通信環境の一体的整備を核とする「GIGA スクール構想」が，
2020年度に前倒しで進展したこと。さらに2021年1月の中央教育審議会
答申「『令和の日本型学校教育』の構築を目指して」において，新たな
学校組織体制（「チームとしての学校（チーム学校）」やコミュニティ・
スクール）や ICT 環境を前提とした「個別最適な学び」と「協働的な
学び」の一体的な充実を通じて，全ての子供の可能性を引き出す，とい
う「令和の日本型学校教育」の方向性が提言されたことが挙げられる。
現時点では関連する改革や条件整備について不透明な部分も少なくない
が，以上の方向性の実現に向けては，現場教職員における学校の役割観
や働き方，キャリア形成の在り方の再構築が大きなカギとなることは間
違いないだろう。
　本書は，現職教員はもちろん今後の学校教育に対する関心や関与意欲
をもつ受講者が，変動期における教職の役割・仕事（不易の本質・現代
的課題・変化の方向性）について，学校の新たな組織体制・機能との関
連で理解することに資する，令和の教職論テキストを目指して編まれた。
この目的から，本書の各章を，教員のウェルビーイング向上の枠組にか
かる知見（第14章）に基づき，「教員の職能（competency）」「教員の職
務（job）」「教員の職場（organization）」「教員の職業（vocation）」の
4部で構成・配列し，ことがらの体系的理解と同時に，未来志向的な教
育実践及びキャリアの探究を促進することを意図した。そして執筆メン
バーを，学校経営及び教員の職能発達を軸に，教員のメンタルヘルスや

4

人事行政，学校組織開発や業務改善，地域協働等に多様な専門を有する研究者で組織し，それぞれの分担章で最新の研究的知見や国内・外の参考情報を盛り込み，受講者の考察を深める素材を提供することに努めた。あわせて放送教材では，多くの章（回）で，先導的な学校教育実践の創出あるいは教職キャリア形成に取り組んできた学校現場関係者（特に教職大学院の修了生及び実務家教員）にゲスト講師等として出演いただき，本書の内容を補う情報を提供いただいた。

　現在の学校現場には長時間勤務等解決すべき課題も山積しているが，本書及び放送教材の学習を通じて，よりよい社会を創る原動力としての学校教育・教職の役割をあらためて確認するとともに，子供の学びの効果を最大化しうる教育実践を（校内・外関係者との協働を通じて）創出する視野・力量の涵養につなげていただけたら幸いに思う。

　最後に，編者以外に本書の執筆を分担いただいた3人の先生方，本科目の計画段階から温かいご助言をいただいた放送大学の小川正人先生，本書編集担当の伊藤博様をはじめ，お力添えをくださった多くの関係の方々に深甚の謝意を申し上げたい。

2021年10月1日
大野裕己
露口健司

[文中用語の基準]　本書では「教師」「教員」の両語を用いている。一般に「教師」は教育にあたる者を広く指す語，「教員（教育職員）」は法律用語としての職名であり，本書では概ねこの使い分けに即して表記しているが，広い視野で教職を捉える章を中心に，通用性の高い「教師」を積極的に用いている。また，「子供」「（幼児）児童生徒」については，近年の関連審議会答申等での動向も踏まえて，法令や引用・参照文献との関係で「（幼児）児童生徒」「子ども」表記が望ましい部分を除き，できる限り「子供」を用いるようにしている。

目次

6

第1部 教員の職能—どのような資質能力が必要なのか？（1）

1 | 教員養成・教員採用における「資質能力」の考え方

川上泰彦

《目標＆ポイント》 現代の日本では，「大学における教員養成」「開放制」「相当免許状主義」といった原則のもとで教員養成が行われている。また，教員免許状を授与される者を対象に各都道府県・政令指定都市等が教員採用試験を実施し，教員を選考している。本章では，教員養成と教員採用の両制度について概観し，多様な人物を教職に招き入れる（多様性の確保）方向性と，基礎的な水準を満たした人物を教職に招き入れる（質保証）方向性をいかに両立するか，という課題について理解を深める。
《キーワード》 大学における教員養成，開放制，相当免許状主義，社会人活用，多様性，質保証

1. 教員の「資質」と「能力」

（1） 教員免許制度

　児童生徒が学校教育を受けるとき，どのような「大人」がそこに関わっているだろうか。表1-1（p.11）は，とある公立中学校の職員一覧である。各学年では学級担任に加えて，学年主任，副担任，特別支援教室（この学校では「かがやき」），T.T.（ティーム・ティーチング）担当が並んでいるほか，「級外」の欄にも様々なスタッフが名前を連ねて

表1-1　ある公立中学校の職員一覧（令和2年度）

	氏名	教科	部活動	学級	氏名	教科	部活動	学級	氏名	教科	部活動
校長	A			1年1組	H	理科	バレー	2年1組	Q	数学	女子バスケ
教頭	B			1年2組	I	社会	女子テニス	2年2組	R	社会	女子卓球
教務	C	美術	サッカー	1年3組	J	音楽	吹奏楽	2年3組	S	理科	野球
養護	D	養護	柔道・剣道	かがやき1	K	国語	テニス	2年4組	T	数学	野球
事務	E			主任	L	国語	陸上	かがやき2	U	英語	美術
事務補	F			副担	M	技術	男子テニス	主任	V	保健体育	バスケ
学校栄養職員	G			副担	N	数学	バスケ	副担	W	国語	卓球
				副担	O	新採指導	—	副担	X	英語	男子バスケ
				中1T.T.	P	数学	—				

学級	氏名	教科	部活動	担当	氏名
3年1組	Y	理科	吹奏楽	ALT	G2
3年2組	Z	国語	陸上	用務	H2
3年3組	A1	保健体育	柔道	支援員	I2
かがやき3	B2	家庭	サッカー	支援員	J2
主任	C2	英語	剣道	SSW	K2
副担	D2	社会	男子卓球	心の教室相談員	L2
副担	E2	数学	バレー	いちょう教室	M2
通級	F2	数学	美術	いちょう教室	N2

いる。

　実は，これら全てのスタッフが「教員」と呼ばれるわけではない。学校で働くスタッフのうち「教員（教育職員）」については法律（教育職員免許法第2条）で「主幹教諭（幼保連携型認定こども園の主幹養護教諭及び主幹栄養教諭を含む），指導教諭，教諭，助教諭，養護教諭，養護助教諭，栄養教諭，主幹保育教諭，指導保育教諭，保育教諭，助保育教諭及び講師」と規定されている。そして，教員（教育職員）として学校に関わるためには「各相当の免許状を有する者でなければならない」（教育職員免許法第3条）とも規定されており，専門資格（教員免許状）の取得が求められている（相当免許状主義）。

　ちなみに校長・副校長・教頭については，教員免許状を必ずしも必要とするわけではない。それぞれ学校教育法上に職務の規定があるなかで，教頭が児童生徒の教育を担当する場合においてのみ，教員免許状が求められる。また，学校事務職員のほか支援員などのスタッフについても，免許などの資格に関する規定はない。スクールカウンセラー（SC）（表1-1では心の教室相談員）やスクールソーシャルワーカー（SSW）については，臨床心理士，公認心理師，社会福祉士などの資格要件を課すケースもあるが，その判断は採用にあたる各自治体（都道府県もしくは市町村）によるものである。

　このように，教員免許状を持っていない者であっても学校教育に関わることはできるが，幼児・児童・生徒の保育・教育に直接関与すること（「保育をつかさどる」「教育をつかさどる」など）が職務内容として明記されているのは，教員（教育職員）だけである。特に学校の主たる活動である授業を行う場合は，先に挙げた相当免許状主義により，学校の種類（と，中学校・高等学校については各教科）に相当する免許状を持つことが求められている。したがって教員免許状は，学校に関わるスタッフ全般のうち，特に（授業等を通じて）子供の教育に直接関わるための資格ということができる。教員免許状を持っていない者が，学習を積み重ね，一定の審査を経て教員免許状を取得するというプロセスを考えると，教員免許状を取得するなかで求められる能力や適性は教員の「資質」（生まれつきの性質や才能）や「能力」（物事を成し遂げることのできる力）を表している，と言うこともできそうである。

　現行制度において教員免許状は3種類に分かれている。最も一般的とされるのが普通免許状であり，免許取得までの教育量（基礎資格（（短期大学卒業程度・4年制大学卒業程度・大学院修士課程修了程度））と，大学等における教科・教職等に関する所定の専門科目についての単位修得

状況）に応じて二種免許状，一種免許状，専修免許状が設けられている（高等学校については一種と専修のみ）[1]。また一定の勤務年数と追加的な学習（大学等における所定の単位数の修得）によって，上級免許状の取得（二種免許状所持者が一種免許状を取得する場合と，一種免許状所持者が専修免許状を取得する場合）も可能になっており，勤務経験と追加的な学習によって能力が獲得できるという前提をとっている。

　なお，このほかには特別免許状と臨時免許状が設けられているが，いずれも補助的な運用という位置づけである。特別免許状は社会的経験を有する者が教員として学校教育に参入することを期待する制度であり，教科に関する専門的な知識経験または技能，社会的信望，教員の職務に必要な熱意と識見を有する者について，都道府県教育委員会が教育職員検定を行って認定している。臨時免許状は，普通免許状を有する者を採用することができない場合に限って授与されるもので，これも都道府県教育委員会の教育職員検定によって認定が行われている。特別免許状は小学校においても教科を限定して授与されるほか，臨時免許状は有効期間が3年間とされている（普通免許状と特別免許状の有効期間は10年）。また，いずれも授与を受けた都道府県内の学校においてのみ効力を持つ，という制限がある。

　加えて，教員免許状取得者は，いずれかの学校に雇用されてはじめて教員として勤務できる。医師免許や法曹資格などのように「独立」とか「開業」といったものは想定されておらず，資格（教員免許状）の授与・取得のプロセスとは別に採用のプロセスにおいても適性が審査される（後述）。したがって教員免許状の取得過程を通じて必要な能力の獲得が進められるのに加えて，採用の段階においても能力や適性の審査が行われる。採用事務がどのような基準のもとで行われているのかを検討することも，教員の「資質」や「能力」を探るヒントになるのである。

1）幼稚園，小学校，特別支援学校（自立活動）については，教員資格認定試験に合格することでも普通免許状を取得できる。

（2）　質保証と多様性

　このように，教員は免許状取得に至る「養成」のプロセスで資質能力を高めるほか「採用」のプロセスでも適性が審査され，入職時の専門性を確保していることになるが，これには異論も想定される。例えば「教員による不適切な指導が報道されたり，いわゆる『指導力不足教員』の問題が論じられたりするということは，教員免許制度や採用制度の保障する『資質』や『能力』の内容は不十分なのではないか」とか「子供の多様性を前提にするのであれば，『良い先生』の中身も多様で，それを構成する『資質』や『能力』も多様なのではないか」といった指摘である。

　このうち1つ目の指摘は，教員の資質能力を安定的・永続的なものと捉えることが難しいことを意味している。後述するように，教員の採用数は児童生徒数の変化，学級編制の基準，退職教員数の動向によって変動するため，そもそも毎年一定の水準を維持して雇用することが予定されていない。加えて，教員に求められる資質能力を不変のものと考えるのも適切でない。社会の変化に対応して（もしくは社会の変化の一部として）教育が変わるのであれば，それに応じて教員に求められる資質能力も変化すると考えられるからである。教員に求められる資質能力が不変であるという仮定が容易には成り立たないばかりか，その時々の社会や教育の状況を反映した資質能力観のもとで教員養成が行われ，適性の審査と採用事務が行われる，ということになる。

　また個々の教員においても，ライフサイクルのなかで能力の獲得や喪失が発生する。成熟や老化に応じて体力や認知能力が変化するほか，指導経験の蓄積が成長や熟達をもたらす一方で，ある種の「喪失」ももたらされる[2]。

2）秋田（2006）によれば，特定の授業技能や学級経営技能，実践的な知識や思考過程については経験の蓄積が成長・熟達をもたらすという見方が取られてきた一方で，知識や思考，生徒との対人関係，仕事や学びへの意欲については経験の蓄積が獲得と喪失の両局面を持つ見方が取られてきたという（第13章参照）。

　これらの変化に対応するために準備されるのが，様々な研修である。経験の蓄積や成熟に応じた役割イメージを持ち，それに応じた能力獲得を目指したり，社会の変化に応じた教育観のアップデートや新たな技能を獲得したりする機会として，研修への期待は高い（第2章参照）。またその基礎となるのが，適切な能力評価である。自己の技術や知識の「現在地」を正確に把握することは，今後の役割イメージや「あるべき姿」をはっきりさせ，キャリアの実現に向けた経験，学習の意識を高めると考えられるのである（第3章参照）。

　そして2つ目の指摘は，（限られた時間内で）教員の資質能力を高めつつ，かつ多様性に富んだものにすることが難しいことを意味している。教員が免許状の取得を要件とする専門家である以上，一定水準の資質や能力が備わっていて，一定水準の教育を受けていることが広く保障されている必要がある。しかし一方で，教員はコミュニケーションに基礎を置く対人（サービス）職業という性質を持ち，公立小・中学校など入学する子供の選抜を行わない環境に代表されるように，様々な特性（能力や性格）を持つ子供に学校教育を供給する。そのため，多様なタイプの大人が教員として従事することも重要と考えられる。

　子供への教育・指導の場面において「唯一最善の方法」を想定するのは適切でなく，学校の状況や子供の状況に応じた指導方法や教え方を想定すべきであるが，それを1つの人格の中に求める（個々の教員が全ての局面に対応できる能力を身につけるよう求める）ことは，理想である反面，実現可能かどうかは定かでない。これに対して，教育行政としての対応可能性を高める方法としては，多様な能力や適性を有した教員が勤務する環境を整備し，個々の教員の特性に応じた適材適所を目指すことが考えられる。

　とは言うものの，教員養成のために投入できる時間（専門教育期間）

は有限なので，教員免許状取得までに到達すべき資質能力の水準を高度化し，大学等が守るべき基準を明確にするほど，教育課程は似たものになるため，輩出される人材も画一化されるおそれがある。一方で，教員養成教育の期間に限りがあるなかで教員免許状取得者を多様化させようとすれば，共通の教育内容を抑制的に設定する（選択的な学習の余地を広げる）必要が生じるため，共通的・標準的に学習させるべき水準を設定し，厳密に運用することは難しくなる。

　このあと取り扱う教員養成制度（教員免許制度）と教員採用制度については，こうした質保証と多様性のジレンマがついて回ることを理解しておきたい。両者のバランスは永遠の政策課題と言えるだろう。

2. 教員養成制度

　戦前の日本において，教員養成を行う教育機関としては師範学校が設置されていたが，長く中等学校としての位置づけにとどまってきた。また，師範学校卒業生では教員需要を満たすことができないため，無試験検定制度が併用されたほか，無資格教員の任用も行われていた（土屋，2017）。正規の資格取得者で教員需要を満たせないという状況は，一定程度の教育訓練を経た人材の確保に課題を残していたほか，各地域間の財政力によって師範学校を卒業した正教員の比率が異なっていたため，教育条件の地域間格差も生み出していた（苅谷，2009）。

　一方，師範学校における教員養成についても問題がなかったわけではない。師範学校は，学問研究の自由とは無縁な特別の教育機関とされ，教育内容は国家的統制のもとに置かれていた。また，師範学校から輩出された教員については，職責・職能への意識が高く，教授活動における技術・技能の訓練をよく受けている一方で，学問的基礎が弱く，人格と人間性の発達についての意識が希薄で，閉鎖的な同族意識や連帯感を有

する「師範タイプ」という教師像で語られるなど，学問的な水準向上
（質保証）の問題と画一性の克服（多様性）の問題が，既に指摘されて
いた。

　したがって，戦後教育改革を経て形成された現行の教員養成制度では，
これらの批判を乗り越えるような制度設計が志向された。まず，「大学
における教員養成」という原則がとられ，学問的な水準の高い人材を教
員にしようという質保証の志向が反映された。あわせて，法令等の基準
を満たして教員免許状取得に必要な科目を開設することができ，様々な
大学が幅広く教員養成に関与できるよう「開放制の教員養成」の原則が
とられ，教員免許状取得者の多様性を確保しようとした。

　教員養成を中心的な目的とする教育機関のありかたについても，質保
証と多様性の問題が検討された。教員養成教育の内容をめぐっては，学
問が十分にできる教員こそが優れた教員の第一条件だと考える「アカデ
ミシャンズ」と，教員としての特別な知識・技能をそなえることこそが
優れた教員の第一条件だと考える「エデュケーショニスト」との間の対
立があった（山田，1993）。前者は，従前の師範教育では教員としての
特別な教育を重視しすぎることで「幅の狭い」教員を生み出してきたと
いう反省のもと，学問的教養と優れた人間性を培うようにするべきであ
ると考えた一方で，後者は従前の師範教育では教員に必要な知識・技能
が十分扱われてこなかったという反省のもと，教育者としての特別な教
養を持った教育専門家を養成すべきと考えていた。

　この対立を収束させたのが，現行の教員養成制度の源流となる「学芸
大学」の構想であり，幅広い学問的教養（一般教養）の教育・研究のも
とで小・中学校の教員を輩出する，という機能が構想された（TEES 研
究会，2001）。教員養成における質保証と多様性の問題は，「大学におけ
る教員養成」と「開放制の教員養成」の原則により解決が図られるとと

もに，相当免許状主義の徹底を図って無資格教員を無くすことで，実効性をそなえようとするものであった。

　このあと，教員養成制度は多様性を保ちながら質保証をどう図るか（あわせて，時期によっては教員の量的確保をどう図るか）を意識した整備が続けられた。1953（昭和28）年には課程認定の制度が導入され，教員免許状取得のために各大学が設けた課程について，その適否を国が認定するようになった。また1954（昭和29）年には，教職に関する専門科目の単位数を減らし，代わりに教科に関する専門科目の単位数を増やす形で最低修得単位数が変更された。

　その後は社会全体で高学歴化が進んだこともあり，「一級免許状（学士の称号を基礎資格とする免許）」の比率が徐々に高まる一方で「二級免許状（大学に2年以上在学し，62単位以上を修得したことを基礎資格とする免許）」の占める比率は低下した。あわせて1960年代後半からは大学院修士課程を活用した現職研修制度が導入・拡大し，全般的な高学歴化による資質の向上が図られた。こうした質保証を重視する傾向は1988（昭和63）年の制度改正まで続き，普通免許状が現行の3種類（基礎資格を短期大学卒業程度とする二種免許状，4年制大学卒業程度とする一種免許状，大学院修士課程修了程度とする専修免許状）となったほか，免許状授与に必要な専門教育科目の単位数が引き上げられた。

　平成以降は多様性の確保に向けた施策が目立つようになった。普通免許状に関しては，1998（平成10）年の制度改正によって大学における教員養成カリキュラムが（「教科又は教職に関する科目」の新設により）柔軟化した。また教員養成制度を経由しない教員として社会人の活用促進が図られるようになり，1988年の制度改正で創設された特別免許状と特別非常勤講師制度については，1998（平成10）年，2002（平成14）年などに運用の拡大や簡便化が図られた[3]。

3）ちなみに免許外担任制度については，普通免許状の補完機能との位置づけであるため，「質保証」の観点から一貫して解消することが望ましいとされている。

　さらに近年では，質保証と多様性の両方を目指した施策がとられている。2007（平成19）年の法改正によって2009（平成21）年から教員免許状更新制度が導入され，普通免許状の有効期限（10年）が設定されるとともに，更新に際しては2年間で30時間以上の免許状更新講習の受講・修了が求められるようになった。さらに2016（平成28）年の法改正等を受けて，教職課程における専門科目については区分の統合（大くくり化）が行われ，多様な専門教育が提供できるようにした一方で，現代的課題などに対応するべく教職課程の教育内容が追加され，教職課程教育等については「コアカリキュラム」によって（どの大学においても）共通的に修得すべき資質能力が明確化された。

　このように，教員養成制度においては，教育内容の水準向上（質保証）と画一性の克服（多様性）を重視し，それらを高い次元でバランスすべく制度改正が行われてきた。近年の傾向については，水準維持・質保証が志向される一方で，教職課程で提供される教育については多様性を縮減する傾向にあると言える。教員免許状の国家資格化[4]や教員採用試験の筆記試験の共通化・統一化[5]といった政策提言も，こうした質保証の方向性を持つものと言える。そして教職における多様性の確保については，それを普通免許状取得者の多様性として求めるのではなく，「社会人活用」として教員養成を経由しない教員の確保によって達成を図る方向性にあると言える。

　なおこの議論の結論を，教員養成制度によってのみ得ようとすることは難しい。と言うのも，教育内容の高度化に対応し，教職に多様な人材を得るという機能を，入職前の教育課程にのみ求めることには元々無理があるからである。教員養成プロセスの延長（大学院段階を含めた5年間・6年間での教員養成）や，「学び続ける教員」としての現職教育の

4）2015（平成27）年に与党（自民党）の教育再生実行本部が提言を行った。
5）2015（平成27）年に政府の教育再生実行会議が第7次提言「これからの時代に求められる資質・能力と，それを培う教育，教師の在り方について」のなかで提言を行った。

充実（大学院を含めた多様な学習機会の確保・提供），新卒一括採用に
偏らない教員採用（教職以外の経験を積んだ者の積極的採用など）と
いった，様々な方策によって，質保証と多様性の確保は目指されるべき
であると言えよう。

3. 教員採用制度

　日本の教員養成制度が開放制を採り，幅広い人材に教員免許状を授与
する方針を取っているということは，児童数・生徒数等から算出される
教員の「必要数」とは対応しない形で教員免許状が授与されていること
を意味する。そこで相当免許状主義を守るには「必要数」よりも多くの
者に教員免許状を授与することが求められる一方で，教員免許状を取得
した者から「必要数」分の教員を採用するには，選考や選抜のプロセス
を準備する必要が生じる。

　この教員の「必要数」は，各学校・各学年の児童・生徒数に法律（義
務標準法（（公立義務教育諸学校の学級編制及び教職員定数の標準に関す
る法律））など）を適用して，それぞれにおける学級数を算出し，そこか
ら配置すべき教員の数を導き出している。そして長期的・安定的な「日
本型雇用慣行」もあって，多くの教員が初職から教員を選択しており，
いったん採用された教員が中途退職をして他職に転じるケースも多くは
ない。その結果，教員の「必要数」は児童・生徒数の変動の影響を受け
るほか，ある一時期に（児童・生徒数の急増などによって）多くの教員
を採用した場合，その後は比較的長期にわたって，教員採用数が低く抑
えられることになる。こうした事情を反映して，図1-1（p.21）に示
すとおり，教員の採用数は長期的に見て安定せず，それに呼応する形で
採用試験の倍率も変化してきた。採用倍率が大きく変動する一方で，大
学の新卒者や教員免許状取得者は急激な変動を示してこなかったため，

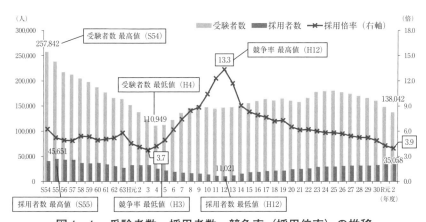

図1-1　受験者数・採用者数・競争率（採用倍率）の推移

出典：文部科学省「令和2年度（平成元年度実施）公立学校教員採用選考の実施状況のポイント」

　新規入職者の資質能力を一定水準に保つことは大変難しいとも言えるのである。

　なお近年は，1970年代から1980年代にかけて大量採用した世代の教員の（定年等による）大量退職が続いたことに加え，特別支援教育の拡充を受けて，各地域で教員の量的確保の必要性が高まってきた。この結果，大量採用とともに採用倍率の低下が続いている。目下の量的確保をどう図りつつ，他職との比較も念頭に入れながら，教職の魅力をどう高め，伝えるかも課題となっている。

　このような適切な「量」の確保としての機能に加えて，教員採用制度は教員養成制度と合わせて教員の「質」，すなわち適格性を確保する機能も果たしている。教員免許状は国家試験等を通じて適格性を審査するという性質のものではなく，課程認定制度等による質保証をしつつも，開放制によって様々な大学が教員養成に関わり，様々な人が教員免許状の取得を検討できるよう，多様性の確保が意識されている。そうしたな

かで自治体ごとに採用試験を実施するということは，幅広い人材を免許状取得者として確保しつつ，そこから各自治体の方向性や重点に沿う形で人材確保を行うことが意図されていると言える。なお，教育公務員特例法によれば，教員の採用は「選考」によって行うとしている。競争試験による「選抜」を行うのではなく，免許状取得者の多様性を前提に，採用を行う自治体（教育委員会）の方針とのマッチングを図るという点が強調されているが，免許制度同様，ここにも多様性の確保と水準維持の関係が現れている。

　私立学校の教員採用は個々の学校や設置者（学校法人）が行うのに対し，公立学校については都道府県・政令指定都市の教育委員会等が任命権者となり，採用事務のほか採用後の給与と異動の事務も行う（県費負担教職員制度）。多くの公立小・中学校では「市立」「町立」「村立」の学校として市町村教育委員会による設置・管理が行われており，施設の設置・管理者と職員の人事権者が一致しないことになる。これにより，県内で教員の給料体系を統一できるため，市町村による待遇（給与等）の格差等が発生せず，隣接もしくは遠方の市町村に異動するような人事（広域人事）が可能となっている。採用・給与負担・異動とあわせて，研修も基本的には任命権者（都道府県及び政令指定都市）が行うが，中核市は都道府県から独立して研修を行うことができるとされている。

　教員採用試験においてどのような選考が行われているのかについては，文部科学省が毎年の実施方法や実施状況を調査・公開している。面接，模擬授業，場面指導，指導案作成，作文・小論文，適性検査などの方法がとられているが，任命権者によってその組み合わせは異なっている。また任命権者によっては，英語に関する検定・資格や，複数教科・複数校種に関する教員免許状の所持といった項目についての優遇措置をとっており，各地域においてどういった資格・能力を持った人材を特に必要

としているかが募集に反映されている。また採用者数増加に伴う倍率低下（量的確保）が課題となるなかでは，採用試験を受けるための年齢制限を緩める傾向も見られるが，この詳細も任命権者によって異なる。すでに過半数が「制限なし」となっており，ここにも各地の教員採用事情が反映されている。

さらに現在では，義務教育学校制度等を活用した小中一貫教育の導入，小学校全学年における「35人学級」の導入，小学校高学年における教科担任制の導入などが検討・実施されており，いずれも教員採用制度に影響を及ぼすことが予測される。

このうち小中一貫教育や小学校での教科担任制への対応を行ううえでは，小・中学校間での兼務や，小・中学校間での教員の異動が容易になることが便利であり，小学校・中学校両方の教員免許状を取得するよう奨励される傾向にある。また大量採用に対応する教員の量的確保という観点からは，教員免許状更新制度の見直し[6]のほか，教員免許状を大学等で取得したものの教職に就かなかった（他職に就いた）者を教職に迎えたり，いったん教職に就いたものの結婚・出産・育児等で離職した者の復職を促進したりするための施策が検討されている。ここにも教職における質保証と多様性確保の課題を見出すことができるのである。

変化が激しい社会のなかにあって，教員の質保証を図ることは教育の質を高めるうえでも重要である。しかし，質保証の方法を限定しすぎると，人材の画一化が進み，児童生徒や教育環境の多様性に対応する柔軟さを失うおそれがある。一方で，安易に人材の多様化を図ることは，基礎的な資質能力が保障されない者を教職に迎え入れるおそれがあり，質保証の側面での不安を伴う。質保証と多様性を高い次元でバランスさせることは，今後も引き続き大きな課題であるとともに，教員養成・教員採用の段階でのみ達成することを想定しないことも重要であろう。例え

6）本書執筆・編集時点で教員免許状更新制度は廃止・見直しの検討が進んでいるが，まだ新制度の結論を得ていないため，本書の内容は2021（令和3）年時点の制度に基づいている。

ば長期的・安定的な雇用条件であることに着目した現職研修等の充実や，他の職業を経験した資質能力ある者が教員として能力を発揮できるよう制度整備を図るなど，養成・採用・研修を一体化した検討や，処遇等も含めた全体的な人事施策として検討する必要が指摘できるのである。

学習課題

（1）　文部科学省のホームページを調べて「教職課程コアカリキュラム」がどのような内容かを参照し，現代の教員養成においてどのような知識が必要と定められているかを検討してみよう。

（2）　近年報道されている「教員不足」や「教員採用試験の倍率低下」について，どのような政策が教職の人気を高めるのに有効かを考えてみよう（関連する新聞記事等を参照してみよう）。

参考文献

秋田喜代美『授業研究と談話分析』（放送大学教育振興会，2006年）
苅谷剛彦『教育と平等』（中公新書，2009年）
土屋基規『戦後日本教員養成の歴史的研究』（風間書房，2017年）
山田昇『戦後日本教員養成史研究』（風間書房，2003年）
TEES 研究会〔編〕『「大学における教員養成」の歴史的研究―戦後「教育学部」史研究―』（学文社，2001年）

第1部　教員の職能―どのような資質能力が必要なのか？（2）

2 「学び続ける教員」を具現化する教員育成指標と研修体系

露口健司

《目標＆ポイント》　本章では，「学び続ける教員」の育成方法について検討する。日本の教職は勤勉かつ誠実に「学び続ける教員」像を基盤としている。本章では，「学び続ける教員」が求められる社会背景，及び「学び続ける教員」に求められる資質能力について解説する。また，「学び続ける教員」を具現化する方法論を，教員育成指標・研修体系，学校組織体制，及び社会的つながりの3つの視点から，事例紹介を通して検討する。そして最後に，「学び続ける教員」を育てるための今後の課題について提示する。

《キーワード》　学び続ける教員，教員育成指標，教育センター，教職大学院，研修体系，校内研修，社会的つながり，人材育成の目的

1.「学び続ける教員」が求められる背景

　人工知能等の高度科学（情報）技術の発展，社会のグローバル化・多様化の進展，加速的な人口減少等の社会環境変動は，我が国において育成すべき人材像に大きな影響を与えている。従来とは異なる知識・技能や価値観が求められる激変社会を生き抜く子供を育成するためには，これまでの学習内容・方法ではうまくいかないであろう。OECD 国際教員指導環境調査（TALIS：Teaching and Learning International Survey）

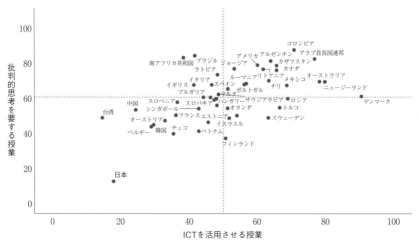

図2-1　批判的思考×ICT活用授業の国際的位置
出典：国立教育政策研究所（2019）より筆者作成

2018報告書では，日本の教員の指導実践（中学校・肯定率）において，「批判的に考える必要がある課題を与える（日本=12.6％；平均値=61.0％)」「生徒に課題や学級での活動にICTを活用させる（日本=17.9％；平均値51.3％)」等の実践頻度が低調である実態が示されている（国立教育政策研究所，2019）。これら2つの回答（肯定率）の散布図（図2-1）を見ると，日本が世界の外れ値となっていることが分かる。日本の学校は，これまでの日本の教育の長所を保持しつつ，指導内容・方法を学び直す時期に差し掛かっている（中央教育審議会，2021）。
　特に，学校におけるICT活用は，GIGAスクール構想の急激な進展により，ハード環境が整備されつつある。GIGAスクール環境下では，オンライン学習の指導体制の確立，ペーパーとデジタルのハイブリッド型教材の活用（QRコードを掲載した教科書とタブレットの併用)，スマートボード（大型モニター）＆タブレット活用のインタラクティブ

デジタル授業スタイルの確立等が求められる。GIGA スクールへの移行
は，視覚教材の活用による興味関心の向上，インクルーシブ教育の推進，
不登校傾向児童生徒のオンライン学習支援，個別学習アプリによる授業
内での補充・発展学習の充実化等，従来の学校教育では対応できなかっ
た課題を解決する可能性を秘めている。しかし，新たな環境に対応でき
る学校（教員）と，対応が不十分な学校（教員）の出現による教育格差
の拡大という負の可能性も秘めている。

　また，学校教育を取り巻く問題の多様化・複雑化によって，教員の長
時間労働を厭わない奮闘によって問題を解決する職務遂行モデルは臨界
値を超えつつある。教員と他職種（スクールカウンセラー，スクール
ソーシャルワーカー，情報通信技術支援員，部活動指導員，地域学校協
働活動推進員等）との協働体制による「チーム学校」を基盤とした職務
遂行及び問題解決が求められている（中央教育審議会，2015a）。また，
問題解決においては，学校・家庭・地域の信頼関係を基盤とした連携・
協働体制，すなわち「地域とともにある学校」の構築が求められている。
地域とともにある学校では，地域でどのような子供たちを育てるのか，
何を実現していくのかというビジョンや目標を地域住民等と共有し，地
域と一体となって協働し，子供たちの成長をともに育む学校へと転換し
ていくことを目指す（中央教育審議会，2015b）。

　このように，指導内容・方法，組織体制，保護者・地域関係等の環境
が大幅に変化している時代に，大学卒業後の社会人としての学びを放棄
した教員が対応できる可能性は限りなくゼロに近い。習得した知識・技
能の賞味期限も，年々，短期間化している。大学卒業（大学院修了）時
点から約40年以上，教員として務めることとなるが，この間の切れ目の
ない学習が高度専門職としての教員には求められる。また，この間，教
諭とは異なる職位や学級担任とは異なる職務を経験する機会や，より高

度な学位を取得する機会が増加するであろう。教職キャリアにおける移行期において，教員自身が探究心を持って，絶えず知識・技能を更新し，同僚等との集団的な経験・学習・省察による職能成長を継続しなければならない。これからの教員は，子供に慕われ，専門家としての教員として敬われ，保護者と地域に信頼される存在になるために，「学び続ける教員」となる必要がある（中央教育審議会，2012）。

2.「学び続ける教員」に求められる資質能力

　「学び続ける教員」に求められる資質能力は，中央教育審議会（2012）において，資質的側面と能力的側面（対児童生徒及び対成人）が提示されている。

　資質的側面として，「教職に対する責任感，探究力，教職生活全体を通じて自主的に学び続ける力（使命感や責任感，教育的愛情）」が記述されている。教職に対する高度な使命感と責任感を持ち，子供・保護者・地域に対する愛情や貢献意欲を持つ教員は，確かに学び続けている。教員の自主的な学びは，子供たちをより良くしたい，今よりも幸せになって欲しいとの想いから派生するものなのであろう。

　能力的側面（対児童生徒）としては次の3点が提示されている。すなわち，

①専門職としての高度な知識・技能・教科や教職に関する高度な専門的知識（グローバル化，情報化，特別支援教育その他の新たな課題に対応できる知識・技能を含む）

②新たな学びを展開できる実践的指導力（基礎的・基本的な知識・技能の習得に加えて思考力・判断力・表現力等を育成するため，知識・技能を活用する学習活動や課題探究型の学習，協働的学びなどをデザインできる指導力）

③教科指導，生徒指導，学級経営等を的確に実践できる力。教職＝専
　門職と仮定した上で，高度な専門的知識を基盤とした実践的指導力
　（授業力・生徒指導力・学級経営力）

を持続的に向上させることを求めている。

　能力的側面（対成人）として，総合的な人間力（豊かな人間性や社会
性，コミュニケーション力，同僚とチームで対応する力，地域や社会の
多様な組織等と連携・協働できる力）を提示している。これは，特に同
僚教員・保護者・地域住民等の成人を対象とする対人関係能力に関わる
要素である。教員には，同僚教員と信頼関係を築き，お互いに支え合い
高め合うなかで，また，保護者や地域住民との協働活動を通して，反省
的学習を実践することが求められている。

3.「学び続ける教員」を具現化するために

（1）　教員の育成指標と研修体系

　中央教育審議会（2015a）では，「学び続ける教員」を支えるキャリア
システム構築を，各自治体及び大学の共通ビジョンを基盤とする連携と
創意工夫によって実現すべきことを提言している。具体的には，①教育
委員会と大学の連携組織としての「教員育成協議会」を創設し，②教員
育成指標と教員研修計画を策定すべきことが提案されている。こうした
提案を受け，2016（平成28）年に「教育公務員特例法等の一部を改正す
る法律」が可決され，2017（平成29）年度内に，協議会を設置した上で，
校長及び教員の資質向上に関する指標（育成指標）とそれを踏まえた教
員研修計画が策定されることとなった。それでは，教員育成指標及び教
員研修計画とはどのようなものなのであろうか。筆者が作成に参加した
愛媛県を事例として説明したい。

1）　教員のキャリアステージと指標

　愛媛県では，教員の採用から退職に至るまでのキャリアステージ（横軸）を「採用段階」「基盤形成期（初任〜）」「資質・能力向上期」「資質・能力充実期（10年〜）[1)]」「資質・能力発展期（20年〜）」の 5 段階に区分している（図 2 - 2）。愛媛県総合教育センターが示す各ステージの到達基準は，以下の通りである[2)]。「採用段階」では，子供への愛情と教育に対する熱意を持ち，教職についての専門的な知識を身に付けることを求めている。「基盤形成期」では，初任者〜 2 ・ 3 年目程度の時期までに，崇高な使命感の下，自らの職責を果たし，教員としての基盤を固めることを求めている。「資質・能力向上期」では，約10年目程度の時期までに，意欲的な実践を重ねることを通して，教育のプロとしての力量を高めることを求めている。「資質・能力充実期」では，約20年目程度の時期までに，ミドルリーダーとしての自覚と責任を持ち，専門性や指導力を発揮することを求めている。最後に，「資質・能力発展期」では，約20年目程度以降の時期において，広い視野に立ち，教育活動全般においてリーダーシップを発揮することを求めている。

　各ステージにおいて習得が求められる資質・能力の観点（縦軸）としては，「人間力」「実践的指導力」「組織力」「信頼構築力」の 4 観点が設定されており，各観点にキーワードが設定されている。キーワードは，各キャリアステージの特性に対応しており，キャリアステージの進行に伴い難易度が上昇する記載方式を採用している。

　教員の育成指標は，国が示す指針を基盤として作成されているため，

---

1 ）Rockoff（2004）の小学校国語（ 5 ・ 6 年生）を対象とした研究では，語彙理解等の基礎基本の学習指導の結果は，教職 6 年目まで年々上昇し，その後横ばいとなること。また，読解力等の応用に係る学習指導の結果は，12年目まで年々上昇することを明らかにしている。基礎基本に係る指導技術の習得に約 5 年，応用・発展的能力に係る指導技術の習得に約10年の教職キャリアが必要であることを示唆している。

2 ）https://center.esnet.ed.jp/uploads/03kenshu/10ikuseishihyou/02_sihyo_kyouin.pdf

観点	キーワード	採用段階（初任～）	基盤形成期	資質・能力向上期（10年～）	資質・能力充実期	資質・能力発展期（20年～）
人間力	学び続ける向上心	常に目標を持ち、その実現に向け、学び続ける。				
	使命感・倫理観	教員の使命や責任について理解する。	使命感や責任感を持って教育活動に取り組む。教育公務員として法令を遵守し、職務を遂行する。			
	豊かな人間性	子供たちへの深い愛情を持つ。	子供たちを魅了する豊かな人間性を持つ。	子供たちや保護者、同僚を魅了する豊かな人間性を持つ。		地域の人々をも魅了する豊かな人間性を持つ。
	人権感覚・人権意識	差別や偏見を見抜く、基礎的な知識を身に付ける。	多様な価値観を尊重し、常に人権感覚を磨くとともに、人権意識を高め続ける。人権問題に対する正しい理解や認識を深め、問題解決への確固たる姿勢を確立する。			
	識見・教養	公共のマナーを踏まえて行動する。	社会人としてのマナーを身に付ける。	幅広い知識や教養を教育活動に生かす。		高い識見や教養、経験に基づいて判断する。
	心身の健康	健康的な生活をする。	自他のワーク・ライフ・バランスを図り、心身の健康の維持・増進に努める。			
実践的指導力	省察力	自分のよさと課題を正しく理解しようとする。	日々の実践を振り返り、課題を明確にし、その解決に取り組む。	自分のよさや課題を正しく認識し、日々の教育活動の改善に取り組む。		客観的に自分を見つめ直し、今後のキャリアプランを立てる。
	教科等指導力	教科等の専門知識と基本的な指導方法を身に付ける。	児童生徒の主体的・対話的で深い学びの実現に努める。	授業研究等により指導技術の向上に努める。	高い専門性を身に付け、中核となって授業実践を重ねる。	不断の授業改善を行うとともに、自らの教科等指導力の伝承に努める。
	ICT活用能力	ICT活用に関する基礎的な知識や基本的な技能を身に付ける。	ICT機器を活用して主体的・対話的で深い学びの実現に努める。		校務の情報化など、教育の情報化の推進に積極的に参画する。	
	学級経営力	学級経営に関する基礎的な知識を身に付ける。	児童生徒相互の好ましい人間関係づくりを行う。	児童生徒が高め合える学級集団づくりを行う。	ミドルリーダーとして学年全体の向上に向けた取組を行う。	広い視野を持ち、全学年を見通した学級経営を推進する。
	生徒指導力・教育相談力	生徒指導や教育相談についての基礎的な知識を身に付ける。	児童生徒の発するサインを見逃すことなく対応する。	児童生徒に寄り添い、話をよく聞き、適切に対応する。	児童生徒の課題を共有し、チームとして問題の未然防止や解決に当たる。	地域や関係機関と連携し、学校全体の課題解決に努める。
	特別支援教育実践力	特別支援教育に関する基礎的な知識を身に付ける。	支援が必要な児童生徒の特性を理解し、適切に対応する。	特別支援教育の視点に立った実践的指導力を持つ。	支援が必要な児童生徒に組織的・計画的に対応するなど、学校の中核として特別支援教育の推進に努める。	
	えひめ人材育成力	愛媛の魅力と課題について理解する。	ふるさと愛媛に誇りや愛着を持たせる教育の実現に努める。国際的な視野を養うとともに、地域の課題に目を向け、愛媛の未来を拓く人材の育成に努める。			
組織力	組織貢献力	組織的な対応の重要性を理解する。	組織の一員として、与えられた役割を確実に果たす。	自分にできることを考え、積極的に実践する。	ミドルリーダーとしての自覚と責任を持ち、職務に当たる。	教育活動全般を推進し、次世代の教員を育成する。
	学校安全の意識・危機管理能力	学校安全の基本的な内容を理解する。	危険を予測し、未然防止に努める。緊急時に適切な対応をする。		様々な事案に迅速で適切な対応をする。	危機管理体制を点検し、改善への提言を行い、安全意識の向上に努める。
信頼構築力	協働性・同僚性	他者と協力して課題解決に取り組む。	報告・連絡・相談を行い、助力を得て課題を解決する。	自他の良さを生かし、連携して課題を解決する。	よりよい同僚性を築き、ミドルリーダーとして課題の解決に当たる。	人材育成の視点から助言や支援を行い、よりよい同僚性の構築を促す。
	対人関係力	感謝の心を持ち、相手を大切にする。	気持ちの良い挨拶を交わし、対話に努める。	相手の考えを柔軟に受け止め、自分の考えを分かりやすく伝える。	様々な立場の人々と積極的につながり、人間関係を広げる。	連絡・調整の中核となり、よりよい人間関係づくりを進める。
	地域と連携・協働する力	地域の自然・文化・歴史・産業などについて理解する。	地域との連携・協働の必要性について理解する。	地域と連携・協働した教育活動に、積極的に取り組む。	地域の人材と情報を効果的に活用して、教育活動の充実に努める。	連携・協働した教育活動の実践を通して、地域と学校の課題の解決を図る。

図2-2　愛媛県版「教員のキャリアステージにおける指標」
出典：愛媛県総合教育センターWebサイト

全国での類似性が高い。ただし，各自治体の特色を指標の文面から読み取ることができる。どこの自治体の育成指標か，全く分からない指標よりも，自治体の教育ビジョンや教育・教職文化が反映された独自性ある指標のほうが，それをたびたび参照することとなる教員にとっては魅力的なものと映るであろう。

2）　学校種と職種

　教員の育成指標は，どの学校段階の教員を対象として作成されているのだろうか。教職員支援機構が実施した調査（大杉，2019）では，調査対象67自治体（都道府県及び政令指定都市）のうち，小学校と中学校の教員を対象とした指標はすべての自治体において作成されていた。ただし，高等学校と特別支援学校は，いずれも61自治体（91%），幼稚園は28自治体（42%）であり，指標が未整備の自治体が存在する。

　また，職種についてどうであろうか。同調査では，教諭は作成率100%であるが，校長（59自治体；作成率88%），教頭（54自治体；作成率81%），養護教諭（54自治体；作成率81%），栄養教諭（52自治体；作成率78%）であり，未作成の自治体が散見される。

　教員の育成指標は，「小・中学校」の「教諭」を基盤として，そこから各部署での検討を通して，他校種及び他職種に応用した可能性が高い。

3）研修体系

　各自治体では，教員の育成指標に基づき，研修体系の整備を実施している。学び続ける教員を支える研修システムの整備が全国的に進展している。図2-3は，愛媛県教育委員会が示す幼稚園・小・中学校用研修体系である。横軸は，教員の育成指標と同様の5段階のキャリアステージである。縦軸には研修種別が配置されている。以下，「基礎研修」「職務別研修」「課題別研修」「派遣研修」について紹介する。

　「基礎研修」は，初任者研修や中堅教諭等資質向上研修といった法定

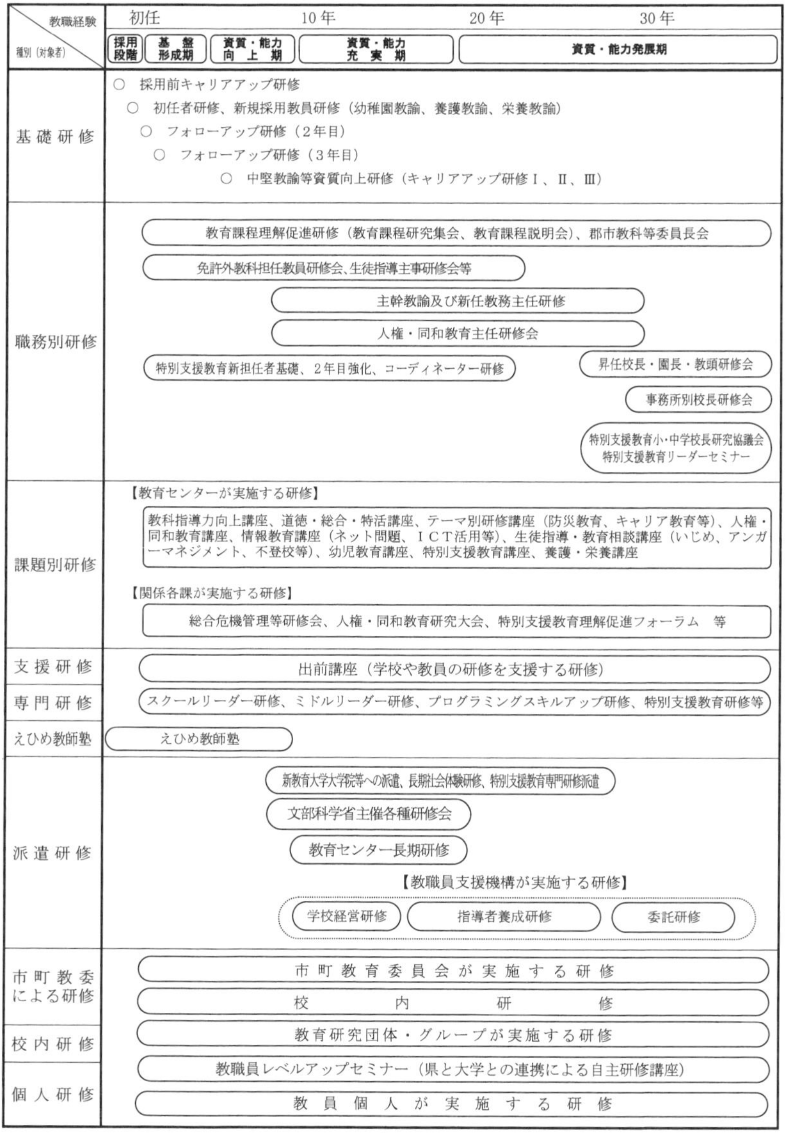

教職経験 種別(対象者)	初任		10年		20年	30年
	採用 段階	基盤 形成期	資質・能力 向上期	資質・能力 充実期		資質・能力発展期
基礎研修	○ 採用前キャリアアップ研修 　　○ 初任者研修、新規採用教員研修（幼稚園教諭、養護教諭、栄養教諭） 　　　○ フォローアップ研修（2年目） 　　　　○ フォローアップ研修（3年目） 　　　　　○ 中堅教諭等資質向上研修（キャリアアップ研修Ⅰ、Ⅱ、Ⅲ）					
職務別研修	教育課程理解促進研修（教育課程研究集会、教育課程説明会）、郡市教科等委員長会 免許外教科担任教員研修会、生徒指導主事研修会等 　　主幹教諭及び新任教務主任研修 　　人権・同和教育主任研修会 特別支援教育新担任者基礎、2年目強化、コーディネーター研修　　昇任校長・園長・教頭研修会 事務所別校長研修会 特別支援教育小・中学校長研究協議会 特別支援教育リーダーセミナー					
課題別研修	【教育センターが実施する研修】 教科指導力向上講座、道徳・総合・特活講座、テーマ別研修講座（防災教育、キャリア教育等）、人権・同和教育講座、情報教育講座（ネット問題、ICT活用等）、生徒指導・教育相談講座（いじめ、アンガーマネジメント、不登校等）、幼児教育講座、特別支援教育講座、養護・栄養講座 【関係各課が実施する研修】 総合危機管理等研修会、人権・同和教育研究大会、特別支援教育理解促進フォーラム　等					
支援研修	出前講座（学校や教員の研修を支援する研修）					
専門研修	スクールリーダー研修、ミドルリーダー研修、プログラミングスキルアップ研修、特別支援教育研修等					
えひめ教師塾	えひめ教師塾					
派遣研修	新教育大学大学院等への派遣、長期社会体験研修、特別支援教育専門研修派遣 文部科学省主催各種研修会 教育センター長期研修 【教職員支援機構が実施する研修】 学校経営研修　　指導者養成研修　　委託研修					
市町教委 による研修	市 町 教 育 委 員 会 が 実 施 す る 研 修 校　　内　　研　　修					
校内研修	教育研究団体・グループが実施する研修					
個人研修	教職員レベルアップセミナー（県と大学との連携による自主研修講座） 教 員 個 人 が 実 施 す る 研 修					

上記以外として、「社会教育主事講習」「笑顔でつなぐ“学校・家庭・地域”の集い」（社会教育課）を実施する。

図2-3　愛媛県版「教職員の研修体系」
出典：愛媛県総合教育センターWebサイト

研修や採用・初任期の基礎研修が配置されている。教育公務員特例法において，初任者研修（第23条）と中堅教諭等資質向上研修（第24条）は，実施が義務づけられている。愛媛県では，1年目に初任者研修，2・3年目にフォローアップ研修を実施し，中堅教諭等資質向上研修（キャリアアップ研修Ⅰ・Ⅱ・Ⅲ）をそれぞれ5年目・10年目・20年目終了時に実施している。基礎研修は教職経験10年程度までに集中しており，若年層教員期の人材育成が重視されている。

「職務別研修」には，主として，新規に登用された校長・教頭研修，主幹教諭・教務主任研修，生徒指導主事，人権・同和教育主任，特別支援教育コーディネーター等を対象とした指定研修が含まれる。これまで経験していない新たな職に就いた教員に対して，職能に応じた実践的・実務的研修が提供される。

「課題別研修」は，多様な教育課題への対応と様々な職務実践力の向上を図ることを目的とした希望研修である。教科指導力向上講座，道徳・総合・特活講座，テーマ別研修講座，人権・同和教育講座，情報教育講座，生徒指導・教育相談講座，幼児教育講座，特別支援教育講座，養護・栄養講座が開設されている。

「派遣研修」は，現職のままで長期にわたって勤務場所を離れて行う研修であり，教職大学院等への派遣，文部科学省主催の各種研修会や教職員支援機構の研修，教育センター長期研修等，勤務場所を離れての研修がこのカテゴリーに含まれている。教育公務員にとって研修は義務であり（教育公務員特例法第20条），また，現職のままで長期にわたって研修を受ける権利を有する（同法第21条）ことを確認しておきたい。

これら4種類の研修は，実施主体によって，意図が異なっている。教育センター等の地方教育行政機関において実施される研修では，教育公務員として必要不可欠な教育制度，教育課程，指導方法等についての体

系的知識の習得が目的となる。文部科学省主催の各種研修会や教職員支援機構の研修は，ほとんどのメニューが指定研修である。全国レベルでの様々な実践事例を学習し，他の都道府県のリーダー的教員との対話・交流を通して，教育リーダーを養成することを目的とする。大学院派遣（現在は教職大学院への派遣と同義）は，理論と実践の往還による職能成長と実践の質の向上を目的とする。教育センターや教職員支援機構の研修では学ぶことのできない，より高度な専門的知識・技能を習得し，実践で効果的に生かす方法を探究する。また，実践を科学的に分析することで知識（理論）を生成し，同僚らと共有することで実践の質を高める。

（2） 「学び続ける教員」を支える学校組織

　研修体系において示される研修の多くは，教育センター等の教育行政機関が主催する勤務場所を離れて行う Off-JT（Off the Job Training）としての校外研修である。一方，教員は，日常の実践を通して，自己省察，同僚や上司からのアドバイス等を通して経験的に学習を蓄積し，職能成長を図っている。校外研修で習得した知識と日常の実践がかみ合わないこともある。また，専門職としての教員は，読書，自己学習，研究会・各種講座・サークル等への参加を通して自主的に学ぶ「個人研修」に勤しんでいる。校外研修が，日常の実践や個人研修の内容と整合しない場合，校外研修の効果は大変薄いものとなる。校外研修・実践・個人研修において習得・生成した知識を融合化させる機会が，OJT（On the Job Training）としての「校内研修」である。

　「校内研修」の内容は学校ごとに多様であるが，その中核は授業研究にある（秋田，2006）。授業研究では，各教員が授業を計画，実施公開し，事後に検討会を行うことで，同僚や上司が保有する実践知を効果的

に伝達することができる。また，事後の検討会（協働活動）を通して，新たな実践知も生成することができる。校内研修（授業研究）の場において，校外研修・実践・個人研修の各場面での学びを融合化させることで，実践知の深化を図るとともに，次の学習課題が生成される[3]。

　校内研修が実践知深化の場として機能するためには，学校組織が専門職の学習共同体（PLC: Professional Learning Community）となる必要がある。PLCとは，教員間の相互作用の頻度が高く，目指す教員像・授業像・学習像が共有化されており，授業を公開し共同で省察する規範を有し，学校改善・授業改善についての使命感を皆が共有している学校を説明する概念である（露口，2016）。こうした組織特性が認められない学校組織では，実践知の深化はもちろんのこと，教員の授業改善は進まず，児童生徒の学力・学習意欲の向上が困難となる（露口，2015）。

（3）　学び続ける教員を支える「つながり」

　教員を取り巻く「つながり」とは，ソーシャル・キャピタル（社会関係資本）論の視点から説明すると，学校内の上司や同僚との日常的な「対話・交流（ネットワーク）」，協働活動を通して生成される「互酬性規範」（お互い様と言い合える関係），困難な時に周囲の支援を得られることが期待できる「信頼関係」から構成される（露口，2016）。校内研修という学習の場は，教員を取り巻く「つながり」によって，効果が大きく左右される。信頼関係に欠ける職場では，校内研修（授業研究）が形骸化しやすく，学びの質も高まりにくい。教員の学習は，「つながりを通して学ぶ」ことにあり，教員はつながりを通して成長するのである。

　「つながりを通して学ぶ」現象は，校内だけでなく，校外研修においても見ることができる。例えば，初任者研修では，他校の初任者教員が一堂に会することで，初任者ならではの悩みをお互いに交換・共有する

3）露口（2012）では，学校全体での校内研修（＝授業研究）よりも，小規模単位での授業研究チームを編制し，当該チームの活動を日常化させることの効果を検証している。

ことができる（情緒的サポート）。講師経験を有する初任者教員や指導主事から道具的サポートを得ることもできる。

　また，教職員支援機構の研修では，全国から集合したリーダー候補教員とのつながりを醸成することができる。研修参加者からその場で直接学ぶこともあれば，勤務校や教育委員会に帰った後，問題に直面したときに研修参加者から支援を得ることも可能である。研修講師とのネットワークも形成可能である。

　さらに，教職大学院への進学は，大学教員とのネットワークだけでなく，学会等に参加することで，全国の研究者とのネットワーク形成が可能となる。このネットワークを通して，教員の学びはさらに広がり，深まる可能性が高い。

4.「学び続ける教員」を育てるための課題

（1）　何のための人材育成か？

　日本では，教員の育成指標と研修体系の整備により，各自治体において育てる教員像が明確化されている。ただし，そのような教員を何のために育成するのであろうか。教員の育成指標と研修体系の先にある教員が果たすべき使命（ミッション）を明確にしておかなければ，職能成長自体が，また，研修を受講すること自体が目的となるおそれがある。例えば，アメリカでは，2015年にNPBEA（National Policy Board for Educational Administration）が10の教育リーダーの専門職基準を提唱している。各基準を記述するなかにおいて，子供たちの「学力向上（academic success)」と「ウェルビーイング（well-being)」という2つの使命的価値が明記されている。教育リーダーが学び続け，職能成長を遂げるのは，子供たちの学力向上とウェルビーイングの実現のためであるとするストーリーを，我々は容易に読解することができる。日本の教員

の育成指標（校長の指標を含めて）の場合は，学び続けるその先にある
ものが，見えにくいという課題がある。

（2） 学びの成果をどう評価するのか？

　学び続けることで実現する使命的価値が不問にされると，研修の評価
は，研修内容の満足度・理解度等の研修直後の「反応」測定に集中しや
すい。教育センターの研修評価の方法を調査した大杉（2020）では，全
国の都道府県教育センターの多くが，「反応」測定にとどまっている実
態を明らかにしている。ただし，中には，研修内容を勤務校等において
一定期間後に実行したかどうかを評価する「活用」測定を実施している
教育センターもある。ただし，この方法も，子供たちへの影響はほとん
ど視野に入っていない。子供たちへの影響を評価する「業績」測定に踏
み込んだ教育センターは，調査した範囲では確認することができなかっ
た。中原・島村・鈴木・関根（2018）は，研修で学んだ内容を現場で実
践し，業績・成果につなげることを「研修転移」と呼んでいる。今後，
研修の精選がさらに進行することが予測される。教員にとっての業績・
成果の中身が明確化され，業績・成果の向上に結合する研修のみが生き
残る時代が到来すると推察される。

（3） キャリア移行期の学びをどう保障するか？

　教員の学びには，現在のポストにおいて業績・成果を高めるための研
修の他，次のキャリアステージの職務に備えるための研修もある。例え
ば，学校管理職（manager）や指導主事（supervisor）を務めるにあ
たっては，これまでの教員としての学びの延長で対応できるものもあれ
ば，そうでないものもある。キャリア転換の時期には，新たな知識・技
能及びネットワークが必要となる。また，退職後に，教員（teacher）

からチーム学校の専門スタッフ（specialist）に移行するケース，学校管理職から専門スタッフへの移行のケースもある。学校管理職の職務の複雑さや困難さは年々増加しているように思われる。教員としての経験だけで対応できるものではない。指導主事も同様である。変動の大きなキャリア移行をスムーズに進めるためには，例えば，アメリカのように大学院での学習と管理職登用とを関連づけることも1つの方法であろう。TALIS参加47カ国において修士（相当）レベルの中学校校長は57.3%であるのに対し，日本は11.7%に過ぎない（国立教育政策研究所，2019）。教師（teacher），指導主事（supervisor），学校管理職（manager），専門スタッフ（specialist）間のキャリア移行機会における大学院での学び（リカレント学習）の促進も，「学び続ける教員」との育成における重要な課題である。

学習課題

（1）　居住地の都道府県・政令指定都市における「教員の育成指標」を確認し，自己の職能成長において特に重要であると考える項目・キーワードを3つ挙げ，その理由をあわせて説明してみよう。

（2）　居住地の都道府県・政令指定都市における「教員研修体系」を確認し，自己の職能成長に特に重要であると考える研修を3つ挙げ，その理由をあわせて説明してみよう。

参考文献

秋田喜代美『授業研究と談話分析』（日本放送出版協会，2006年）

大杉昭英『育成指標に基づく管理職研修の現状と課題』（教職員支援機構，2020年）

国立教育政策研究所『教員環境の国際比較：OECD 国際教員指導環境調査（TALIS）
2018報告書―学び続ける教員と校長―』（ぎょうせい，2017年）

中央教育審議会『教職生活の全体を通じた教員の資質能力の総合的な向上方策について』（2012年）

中央教育審議会『これからの学校教育を担う教員の資質能力の向上について―学び
合い，高め合う教員育成コミュニティの構築に向けて―』（2015年 a）

中央教育審議会『新しい時代の教育や地方創生の実現に向けた学校と地域の連携・
協働の在り方と今後の推進方策について』（2015年 b）

中央教育審議会『「令和の日本型学校教育」の構築を目指して―全ての子供たちの
可能性を引き出す，個別最適な学びと，協働的な学びの実現―』（2021年）

露口健司『学校組織の信頼』（大学教育出版，2012年）

露口健司『学力向上と信頼構築―相互関係から探る学校経営方策―』（ぎょうせい，
2015年）

露口健司『「つながり」を深め子供の成長を促す教育学：信頼関係を築きやすい学
校組織・施策とは』（ミネルヴァ書房，2016年）

中原淳・島村公俊・鈴木英智佳・関根雅泰『研修開発入門「研修転移」の理論と実
践』（ダイヤモンド社，2018年）

Rockoff, J.E. (2004). The Impact of Individual Teachers on Student Achievement:
Evidence from Panel Data. *American Economic Review*, 94, pp.247-252

第1部　教員の職能─どのような資質能力が
　　　　　必要なのか？（3）

3 ｜ 教員の成長と教員評価

諏訪英広

《目標＆ポイント》　本章では，教員に求められる資質能力について，その向上を促すことを目的の1つとして設計されている教員評価制度の概要と効果的運用のあり方について考えていく。
《キーワード》　教員評価制度，教員の資質能力の向上，組織の活性化，自己申告による目標管理

1.　教員評価制度の概要

（1）　教員評価制度の史的変遷

　本章の目的に照らして，本節では，日本における教員評価制度の概要を整理していく。日本において教員評価制度は，どのような史的変遷をたどってきているのであろうか。

　1950年12月に公布された地方公務員法第1条において，「職員がその職務の遂行に当たり，最大の能率を発揮し得るように，民主的な方法で選択され，且つ，指導されるべきことを定め，以って国民に対し，公務の民主的且つ能率的な運営を保障することを目的」として，同法第40条にて，「任命権者は，職員の執務について定期的に勤務成績の評定を行い，その評定の結果に応じた措置を講じなければならない」と規定され

た。同法は，一般公務員のみならず，教育公務員としての公立学校教職員にも適用され，勤務評定が導入されることになった。しかし，行政職の公務員と異なり，教育公務員については，職務の特殊性による客観的な勤務評価の困難さや職員団体との関係等の理由により，実態として，勤務評価の形骸化が進んだとされる（佐藤，2000）。一方で，このような状況に関して，2000年代に入ってから，国レベルの具体的な政策議論・提言が活発になされるようになった。総理大臣直轄の私的諮問機関である教育改革国民会議の報告「教育を変える17の提案」（2000年）において，「教員の意欲や努力が報われ評価される体制をつくる」ことが提案されたことが，教員評価の導入を進める大きな契機となったと言えよう。

文部科学省は，この提案を受けて，優秀教員表彰制度，指導力不足教員への対応，教職経験10年研修制度等の「評価」に基づく教員政策から成る「21世紀教育新生プラン」（2001年）を発表した。このような評価に基づく能力や業績の向上を重視する考えは，公務員制度改革の動向とも連動している。2001年に閣議決定された「公務員制度改革大綱」では，能力等級制度や能力評価と業績評価から成る新たな評価制度の導入が提言された。その後，中央教育審議会答申「今後の教員免許制度の在り方について（答申）」（2002年）において，信頼される学校づくりのための新しい教員評価制度の導入が提言されたのである。このような教員評価制度の導入に向けた国レベルでの議論と提言を踏まえ，文部科学省は2003年に，各都道府県・政令指定都市教育委員会に対して「教員の評価システムの改善に関する調査研究」を委託するに至った。一方で，東京都は国の議論・提言に先駆け，2000年に自己申告による目標管理（以下「目標管理」）を核とした業績評価と能力評価から成る能力開発型の教員評価制度を導入した。東京都における教員評価制度の導入以降，大阪府，神奈川県，広島県，香川県をはじめ，他の自治体も導入を進めて

いった。さらに，「教員の評価システムの改善に関する調査研究」を大きな契機として，多くの自治体において，教員評価制度の導入が推進された。そして，2014年には地方公務員法改正によって人事評価制度が明記されたこともあり，2016年度には，全ての都道府県・政令指定都市において，全教員を対象とする教員評価制度が導入されるに至った。以上のことから分かるように，教員評価制度の導入有無・時期や（後述するような）制度の具体的内容は，国ではなく，任命権者である教育委員会ごとに異なるのである。

（2）　教員評価制度の目的と具体的内容・仕組み

次に，教員評価制度の目的と具体的内容・仕組みを概説する。

教員評価制度の法令上の目的等を確認する。改正地方公務員法によれば，新たな人事評価は，「任用，給与，分限その他の人事管理の基礎とするために，職員がその職務を遂行するに当たり発揮した能力及び挙げた業績を把握した上で行われる勤務成績の評価」（第6条）と定義される。つまり，人事評価とは，人事管理のための勤務成績の評価と言える。当然，教育公務員としての教員もこの定義の対象となり，勤務教員評価と称する。人事評価の法令上の目的を実際の教員評価制度に反映させる場合，教員世界の文脈に即した目的を設定する必要がある。このことについて，例えば岡山県の場合，「教職員の資質能力の向上と学校組織の活性化を図る」，高知県の場合，「職員の職業能力の育成を図り，もって学校組織の活性化に資する」となっている。他の自治体を見ても，基本的に同じ目的が設定されている。このことから，教員評価の目的は，教員の資質能力の向上と学校組織の活性化にあると言えよう。ここに，教員の資質能力を考える上での重要な制度として教員評価制度に焦点を当てる意味が見出される。

　それでは，教員評価制度の具体的内容・仕組みはどのようになっているのだろうか。各都道府県・政令指定都市は教員評価制度の具体的内容・仕組みを独自に作るが，全国的に見て人事評価のための勤務評価として，業績評価と能力評価が採用されていることは共通している。業績評価とは，1年間の職務を通して達成した業績に対する評価である。能力評価とは，1年間の職務を通して新たに身に付けたり発揮した能力や職務意欲に対する評価である。2つの評価を総称して，「能力開発型」の勤務評価と呼ばれる。特に業績評価では，教員自らが1年間の目標を設定し，実践し，最終的に自己評価するという主体的・能動的な営みを内包する目標管理という手法が採用される。

　具体的に述べると，教員は年度当初に，学習指導・学級経営・校務分掌といった評価領域ごとに，自身が達成したい目標・達成のための手立て・達成度を評価する指標やその方法を設定する（自己目標シートに記載する）。次に，自己目標シートに基づき，管理職（校長と副校長・教頭）と当初面談を行う。当初面談では，管理職は教員が設定した目標が学校経営目標と連動しているか，当該教員の年齢・分掌等の条件に適っているか，換言すると，学校組織の一員としての当該教員に期待される役割に適っているかという観点から，教員と意見交換し，指導・助言を行う。そして，教員（被評価者）と管理職（評価者）との間で合意された目標等が決定される。その後，教員は自己目標に基づき（意識しながら）職務を遂行するのだが，管理職は授業観察等を通して教員に対して適宜，指導・助言を行う。そして，おおよそ年度の中間頃の時期に中間面談が実施される。中間面談では，管理職は教員が設定した目標の達成・進捗状況を確認し，意見交換し，適宜，指導・助言を行う。場合によっては，目標等の修正がなされる。さらに，教員の職務活動や管理職の授業観察等を経て，最終的に年度末頃に最終面談が実施される。最終

面談では，教員が作成した自己評価に対して，１年間の職務活動に対するねぎらいや賞賛をしつつ，管理職としての評価結果を伝える。そして，今年度の成果や反省を踏まえて次年度に対する期待を述べる。この一連の営みによって，教員が個人としての資質能力を向上させるとともに，学校組織の一員として自身が果たすべき役割を踏まえた諸活動を遂行することによって，全体として学校組織が活性化されることが期待されているのである。一方，能力評価については，多くの自治体では独自に定められた，教員に求められる「標準的職務内容」を踏まえつつ，１年間の職務活動によって獲得・発揮された能力や意欲に対して管理職が評価を行う。

　また，各自治体は最終的な勤務成績を多様に活用する。平成30年度公立学校教職員の人事行政状況調査によれば，全国自治体における活用状況は，①昇給・降給（55自治体・82.1％），②勤勉手当（53自治体・79.1％），③人材育成・能力開発・資質向上（44自治体・65.7％），④昇任（39自治体・58.2％），⑤条件附採用期間の勤務状況判定（36自治体・53.7％），⑥研修（33自治体・49.3％），⑦指導改善研修の認定（26自治体・38.8％），⑧表彰（24自治体・35.8％），⑨配置転換（24自治体・35.8％），⑩免職・降任（22自治体・32.8％），⑪再任用の決定基準（13自治体・19.4％），⑫その他（８自治体・11.9％）となっており，評価結果を特に活用していない自治体は皆無である。また，近年，評価結果の活用が積極的になされているのが，①昇給・降給（特に昇給）や②勤勉手当への反映といった，いわゆる成果報酬制度の導入である。この動向は，前述した改正地方公務員法において，任命権者に対して，人事評価を任用・給与・分限その他の人事管理の基礎として活用すること等が義務づけられた（第23条）ことを受けたものである。

　以上，教員評価制度の概要を述べてきたが，次節ではこの制度に関し

ていかなる研究がなされているのか，そして，教員はこの制度に対してどのような認識を有しているのか，見ていく。

2. 教員評価制度に対する教員の認識

　本節では，教員評価制度に関する先行研究や筆者が実施した調査を通して，教員評価制度に対する教員の認識を見ていく。教員評価制度の進展とともに教員評価に関する理論・実証研究が蓄積されてきた。理論研究では，教員の資質能力の向上，学校組織の活性化，学校の教育力の向上，人事管理の適正化等，教員評価の意義が指摘される（林，2006など）。一方で，教員評価の問題・課題が指摘される。社会的・経済的・政治的な動向や意図に対する警戒や批判，教育の論理や教職の特性に適合しない教員評価制度の問題に対する疑問や批判等である（勝野，2002など）。また，実証研究では，教員評価に対する教員による否定的評価を示す研究が多い（浦野，2002・久富，2012など）。一方で，教員による肯定的評価を示す調査研究もある。例えば，油布（2009）は，15県の小・中学校教員を対象とする調査の結果，「教員評価制度は教員が教育実践を反省するいい機会になっている」「教員評価に携わる管理職の判断は的確である」という項目について過半数の教員が肯定的に捉えていることを明らかにしている。

　また，笹川（2009）は，ある県の小学校教員を対象に実施したインタビュー調査の結果，処遇に反映されない限りにおいて教員評価制度に反対するものではないという教員の受け止め方を明らかにしている。筆者も先行研究の知見を踏まえて，2018年にA県の教員を対象とする質問紙調査を実施した[1]。表3-1，表3-2は，それぞれ，目標管理と勤務評価の効果認識の結果である。表3-1によれば，目標管理に関しては，全体において中位点（2.5）を超えた項目は3項目であった。上位2項

1）調査の詳細は，諏訪他（2019）を参照。

表 3 - 1　目標管理の効果：学校段階間比較

	小学校			中学校			高等学校			特別支援学校			全体		
	N.	Mean.	S.D.	N.	Mean.	S.D.	N.	Mean.	S.D.	N.	Mean.	S.D.	N.	Mean.	S.D.
2．自身の良さや課題を冷静に見つめ直すことができた。	508	2.69	0.69	209	2.71	0.66	94	**2.82**	0.72	33	2.67	0.85	844	2.71	0.69
6．自身の思いや考えを校長に理解してもらえた。	509	2.67	0.68	210	**2.75**	0.67	94	2.56	0.70	34	2.53	0.75	847	2.67	0.68
5．校長の思いや考えを理解することができた。	509	2.57	0.72	210	**2.63**	0.69	94	2.48	0.74	34	2.38	0.78	847	2.57	0.72
4．学校組織の一員としての自覚が向上した。	507	2.50	0.72	209	2.45	0.75	94	**2.57**	0.74	34	2.29	0.76	844	2.49	0.73
1．仕事・職務に対する意欲が向上した。	508	2.41	0.71	210	2.42	0.70	94	**2.48**	0.73	33	2.21	0.60	845	2.41	0.71
3．教師としての力量が向上した。	508	2.36	0.68	209	2.41	0.72	94	**2.48**	0.70	34	2.21	0.73	845	2.38	0.70
9．学校改善につながった。	509	2.27	0.71	210	2.30	0.71	93	2.32	0.74	34	2.24	0.85	846	2.28	0.72
7．教職員集団の連携・協力関係が向上した。	509	**2.30**	0.70	210	2.25	0.72	94	2.23	0.72	34	2.26	0.79	847	2.28	0.71
8．学校組織が活性化した。	508	2.22	0.68	208	2.19	0.71	94	**2.24**	0.73	34	2.24	0.78	844	2.21	0.70

註1：選択肢は，「1．全くそう思わない　2．そう思わない　3．そう思う　4．とてもそう思う」である。

註2：全体において，平均値の高い順に並べ，最も平均値の高い校種を太字・下線で示している。なお，項目左の番号は調査票の番号である。

註3：統計的検定結果は，＊＊＊：p<0.001，＊＊：p<0.01，＊：p<0.05で示す。以下の表においても同様である。

註4：F検定及び多重比較の結果，いずれについても，統計的有意差は認められなかった。

表 3 - 2　勤務評価の効果：学校段階間比較

	小学校			中学校			高等学校			特別支援学校			全体		
	N.	Mean.	S.D.	N.	Mean.	S.D.	N.	Mean.	S.D.	N.	Mean.	S.D.	N.	Mean.	S.D.
5．校長の思いや考えを理解することができた。	499	2.65	0.71	207	**2.66**	0.73	94	2.55	0.77	34	2.47	0.75	834	2.63	0.72
2．自身の良さや課題を冷静に見つめ直すことができた。	498	**2.60**	0.71	205	2.57	0.69	94	2.52	0.71	34	2.59	0.66	831	2.58	0.70
6．自身の思いや考えを校長に理解してもらえた。	499	2.59	0.71	206	**2.61**	0.73	94	2.50	0.71	34	2.29	0.68	833	2.58	0.72
1．仕事・職務に対する意欲が向上した。	499	2.44	0.73	205	**2.45**	0.73	94	2.40	0.75	34	2.41	0.61	832	2.44	0.73
4．学校組織の一員としての自覚が向上した。	499	**2.43**	0.74	205	2.39	0.74	94	2.43	0.74	34	2.29	0.72	832	2.41	0.74
3．教師としての力量が向上した。	498	2.34	0.69	206	2.32	0.74	94	**2.44**	0.76	34	2.44	0.75	832	2.35	0.71
9．学校改善につながった。	500	2.25	0.73	205	2.23	0.72	94	2.26	0.76	34	**2.26**	0.79	833	2.24	0.73
7．教職員集団の連携・協力関係が向上した。	499	**2.24**	0.73	204	2.19	0.71	94	2.21	0.79	34	2.21	0.81	831	2.23	0.73
8．学校組織が活性化した。	498	**2.20**	0.71	205	2.16	0.71	94	2.17	0.77	34	2.18	0.83	831	2.18	0.72

註1：選択肢は，「1．全くそう思わない　2．そう思わない　3．そう思う　4．とてもそう思う」である。

註2：全体において，平均値の高い順に並べ，最も平均値の高い校種を太字・下線で示している。なお，項目左の番号は調査票の番号である。

註3：F検定及び多重比較の結果，いずれについても，統計的有意差は認められなかった。

目は，「2．自身の良さや課題を冷静に見つめ直すことができた。
（2.71）」「6．自身の思いや考えを校長に理解してもらえた。（2.67）」，
下位2項目は，「8．学校組織が活性化した。（2.21）」「7．教職員集団
の連携・協力関係が向上した。（2.28）」であった。全項目における学校
段階別比較について，有意な差は認められなかった。また，表3-2に
よれば，勤務評価に関しては，全体において，中位点（2.5）を上回っ
た項目は3項目であった。上位3項目は，「5．校長の思いや考えを理
解することができた。（2.63）」「2．自身の良さや課題を冷静に見つめ
直すことができた。（2.58）」「6．自身の思いや考えを校長に理解して
もらえた。（2.58）」，下位2項目は，「8．学校組織が活性化した。
（2.18）」「7．教職員集団の連携・協力関係が向上した。（2.23）」で
あった。全項目における学校段階別比較について有意な差は認められな
かった。目標管理，勤務評価ともに，中央点を基準として平均点を見る
と，肯定的な認識を有しているとは言えない結果であった。しかし，そ
のなかでも自身と校長との相互理解が進んだことや自身の良さや課題を
冷静に見つめ直すことについて肯定的な認識が見られたことから，教員
評価制度の効果が発揮され得る1つの側面が明らかになったと言えよう。
　それでは，効果認識に関係する要因は何であろうか。ここでは，教員
評価制度の基盤をなす目標管理の具体的活動（自己目標シートの作成，
当初面談，管理職による授業観察，中間面談，最終面談）に対する効果
認識との関連性を見てみたい。その結果，目標管理と勤務評価の全項目
ともに，目標管理の具体的活動5項目との間で正の相関が見られた。こ
のことから，教員にとって目標管理が意義ある営みとして運用されるな
らば，教員評価の効果が高まる可能性が看取される。そこで，次節では，
本章の重要な視点である教員の資質能力の向上と学校組織の活性化を実
現するために目標管理の効果的運用がなされた事例調査を紹介し，教員

評価制度の今後の展望を述べたい。

3. 教員の資質能力の向上と学校組織の活性化を促す教員評価制度の効果的運用

　本節では，前節で見てきた教員評価制度の成果と課題を踏まえ，筆者が実施した事例調査の紹介を通して，教員の資質能力の向上と学校組織の活性化を促す教員評価制度の効果的運用のあり方について考えたい。

（1）　事例調査の概要

　筆者は，2012年〜2015年にかけて，A県の公立小学校・中学校・高等学校（1校ずつ）での事例調査を実施した。具体的方法は，管理職や教員に対するインタビューと参与観察である[2]。紙幅の関係上，本節では，小学校と中学校の事例を紹介する。

1）A小学校の事例

　2014年度，A小学校の校長は前年度に，ある学年の学級崩壊により陥った「学級や学校が落ち着かない状況」を立て直すための1つの方法として目標管理の活用を考えた。校長によれば，教員1人ひとりは，学校組織の一員としての自覚や同じ危機感や方向性を持つこととを大切にしたいという気持ちを持っていた。しかし，校長が考える学校づくりに対して，教員が「させられている」という感覚を持たず，自身は何を大切にしたいのか，何を目指したいのかを1人ひとりが熟考し，職務意欲を引き出し，結果として教員が成長し，学校が改善されることをねらった。A小学校の目標管理の実践のポイントは以下の通りである。

　第1は，学校組織の一員としての自覚と危機感の共有に基づく目標管理である。校長は危機感を共有しながら，個人としての資質能力を高め

2）調査の概要と事例の詳細は，諏訪（2017）を参照。

る部分と，集団として共に各プロジェクトを進め，成果を導き出す部分の両方を重視した。そして，その両方を実現するために目標管理を活用するという基本姿勢を有していた。

第2は，教員の実践の方向性の明確化と振り返りである。校長は学校経営の大きな目標に照らして，各教員が教科指導，学級経営，校務分掌において具体的に何に取り組んでいくのかを明示することや，自身の成長を振り返るために活用可能な内容とすることといった自己目標シートの作成の工夫を強く促し，指導・助言を行った。また，自己目標シートの作成にあたっては，同僚教員の持つ知識や経験から学ぶことのメリットを教員に感じてもらいたいと考え，全員の学級経営案を冊子にしたもの（回覧）を参照し，特に，自己目標シート作成の経験があまりない教員には，他の教員に相談することを推奨した。

第3は，コミュニケーションとしての面談である。面談に対する校長の姿勢は，日常的なコミュニケーションを基盤とする面談の実施とその効果の追求，組織の一員としての意識の向上と教員としての資質能力の育成であった。面談では，教員は自身の目標・思い・願い・困り感を率直に話し，管理職は承認・賞賛・期待の言葉をかけるとともに，当該教員の特性（教員経験年数，分掌等）に応じた自己目標や具体的な手立て等に関する具体的な助言や情報提供を行った。

第4は，教員の成長と意欲の向上を促す授業観察である。校長は管理職による授業観察について，どのクラスであっても，個々の子供の学習を保障する等の共通した観点を持って授業観察を行い，気づき等があった場合は，その場でアドバイスし，あるいは授業後にフィードバックし，授業の良かった点は称賛し，改善点は具体的にアドバイスをしつつ，教員の意欲を向上させ，授業力の向上に取り組んだ。

以上見てきたように，A小学校における目標管理は，「学級や学校が

落ち着かない状況」を立て直すため，そして，教員の資質能力の向上と
学校組織の活性化を促すための有力なツールとして活用されたと言える。

2 ）B 中学校の事例

　2012年度，B 中学校の校長は教員が，生徒文化・教員文化ともに良好
な学校の状況に安心することなく，さらに良くなっていくための学校経
営戦略の 1 つの方法として目標管理の活用を考えた。B 中学校の目標管
理の実践のポイントは以下の通りである。

　第 1 は，「共有」を核とする集団としての成長への志向性である。校
長は，学校経営目標や個々の教員の教育に対する考えや具体的実践等を
「共有」することによって，教員の資質能力の向上や学校組織の活性化
を図った。そして，それらを実現するために目標管理を活用するという
基本姿勢を有していた。

　第 2 は，「公共財」としての自己目標シートの共有である。校長は目
標管理は公務であり，公共的な営みであるという基本姿勢を有するため，
「公共財」である自己目標シートの共有と相互参照が推奨され，そのた
めの仕組み（イントラネット）も作った。自己目標シートの作成にあ
たっては，多くの教員がイントラネットにて管理職及び他の教員の自己
目標シートを閲覧し，他者の目標・考え・思いを知り，共有し，直接・
間接的に活かしていた。

　第 3 は，コミュニケーションとしての面談である。面談に対する校長
の基本姿勢は，日常的なコミュニケーションを基盤とする面談実施とそ
の効果の追求，管理職同士の役割分担・協働と副校長・教頭の育成，教
員間の情報の「共有」と相互成長であった。面談では，教員は自身の目
標・思い・願い・困り感を率直に話し，管理職は承認・賞賛・期待の言
葉をかけるとともに，当該教員の特性（教員経験年数，分掌等）に応じ

た自己目標や具体的な手立て等に関する具体的な助言や情報提供を行っていた。また，面談前には，管理職間で十分な打ち合わせを行い，面談では校長・副校長・教頭の役割を明確にすることで，教員にとっても管理職の意図が明確に理解でき，相互理解に基づく意見交換ができるといった効果的な面談の運営につながると考えられていた。そして，この営みには管理職の育成という校長の明確な意図があった。さらに，B中学校では中間面談において，同教科の他の教員の自己目標シートを手元に置き，各自の目標・それまでの実践・成果と課題・困り感に関する情報の交換がなされた。

第4は，教員の成長と意欲の向上を促す授業観察である。校長は授業観察の際には，教員が設定した授業目標・学級経営目標を念頭に置いて，教員だけでなく，生徒の様子もつぶさに観察し，授業後のその場あるいは職員室にて，賞賛とともに，指導方法における改善点や気になる生徒の様子を明確に伝えていた。

以上見てきたように，B中学校では，学校改善を進めるために，学校経営戦略として「目標管理を使う」という校長の意図が明確であり，教員の資質能力の向上と学校組織の活性化を促すための有力なツールとして活用されたと言える。

（2）　教員の資質能力の向上と学校組織の活性化を促すための　目標管理の効果的運用のあり方

最後に教員評価制度に関する研究や2つの実践事例を踏まえて，教員の資質能力の向上と学校組織の活性化を促すための目標管理の効果的運用のあり方について述べたい。

先述したように，教員評価制度，特に本章で焦点を当てた目標管理の理想と現実に乖離がある面は否めない。この理由は複数あるが，この制

度に対する評価者の姿勢は重要であろう。評価者は，「人事評価のため
に勤務成績を付けなければならない」という仕事の1つとして「こなし
て」いないだろうか。そうだとすると，教員が，「面倒くさくて信用で
きない制度」と捉えても致し方ない。いかなる姿勢とやり方でこの制度
に向き合ったらよいのだろうか。筆者が考える目標管理の効果的運用の
視点は以下の2点である。

　第1は，目標管理は，教員評価制度の目的を達成するための「ツー
ル」として捉え，学校や教員の状況・文脈に応じて，校長に任せられた
裁量をもって「上手く使う」という明確な意思のもと，独自のやり方・
方法を模索・開発することである。このことを教員に丁寧に説明するこ
とによって，自校での目標管理の目的と方法は何であり，それがどのよ
うな成果につながるのかなど，教員が十分に理解し，主体的・自律的に
目標管理に向き合うことが重要である。

　第2は，目標管理の運用過程においては，管理職―教員の二者関係を
軸としつつも，個人的・個別的な営みに終始するのではなく，学年・教
科・分掌といった同僚教員間での集団的・協働的な営みも組み込んでい
くことである。教員の資質能力の向上は，教員個々の実践や学習だけで
なく，管理職や同僚教員との相互支援的・相互作用的関わり合いを通し
て達成される。そのためにも，管理職は教員との日常的なコミュニケー
ションを図り，相互理解を深めるとともに，教員の思いや願いに寄り
添った支援的リーダーシップを発揮することが求められる。また，同僚
教員間においては，各々の思いや願いが言語化された目標をお互いに知
ること，そのことを踏まえて，支援的関わりをすることや支援を求める
ことが重要になる。

　今後も，教員評価制度は継続されるであろうからこそ，制度に使われ
るのではなく，制度をうまく使うという発想が求められるだろう。

学習課題

（１）　教員評価制度の目的と具体的内容・仕組みについて説明してみよう。

（２）　教員の資質能力の向上と学校組織の活性化に寄与するための教員評価制度のあり方について説明してみよう。

参考文献

浦野東洋一「東京都公立学校校長・教員アンケート調査の結果から」堀尾輝久・浦野東洋一編『東京都の教員管理の研究』（同時代社，2002年）pp.149-185

勝野正章「教員評価政策の批判的検討」『日本教育行政学会年報』第28号（2002年）pp.35-50

久冨善之「人事考課制度にたいする東京の小中学校教師の声」『教育』第62巻第３号（2002年）pp.101-107

笹川力「教員評価制度に対する教員の受容意識の研究─青森県 Y 小学校を事例として─」『東北大学大学院教育学研究科研究年報』第57集第２号（2009年）pp.65-78

佐藤全「教員評価の課題と展望」『学校教育研究』第17号（2002年）pp.22-31

諏訪英広他「教員評価制度における成果報酬に連動した勤務評価に関する調査研究─被評価者の『納得度』を中心として」『兵庫教育大学研究紀要』第54巻（2019年）pp.173-185

諏訪英広「教員評価における目標管理に関する学校経営学的研究─ソーシャル・サポートの視点に基づく効果的運用に関する学校経営方策の探究─（博士論文：広島大学）」（2017年）

油布佐和子「新自由主義的教育改革下の教師の意識─教員政策を中心として─」『早稲田大学大学院教職研究科紀要』第１号（2009年）pp.63-82

第2部　教員の職務─どのような仕事を遂行しているのか？（1）

4 │ 教員の職務・仕事と カリキュラム・マネジメント

大野裕己

《**目標＆ポイント**》　最初に教員の仕事（職務行動）の実際を概観し，教員の仕事の特徴を理解する。そのうえで，子供の資質・能力の保障を求める現在の学校教育の文脈から，教員の職務として重要度を増しているカリキュラム・マネジメントについて理解する。
《**キーワード**》　教員の職務実態，教員の仕事の特質，教育課程とカリキュラム，学校／教員のカリキュラム・マネジメント

1. 教員の仕事とその特徴

（1）　教員の仕事の実際─ある小学校教員の1日から

　第2部のはじめに，教員は学校でどのような仕事を遂行しているのか。また，教員の仕事の遂行様式にはどのような意味が含まれているかを実際的に理解したい。表4-1は，ある公立小学校教員（A教諭：教職経験約20年／女性／第3学年学級担任・研究主任・学力向上担当）の12月のある1日の仕事を例示したものである。この日A教諭は当番の登校指導後8時ごろ出勤し，担任学級の各校時授業を中心に学習指導等を行い，児童下校後しばらく業務を行ったのち退勤している。A教諭の1日の時間利用を概観すると，教員の仕事の特徴点をいくつか見出しうる。

表4-1　ある小学校教諭の1日の仕事（職務行動）

時　間	教　員　の　仕　事	備　考
始業前	当番での通学路の登校指導 出勤し，教室で換気（コロナ対応） 登校した児童の提出物の確認（前日示した直しに取り組んでいるか），熱を測り忘れた児童に測ってもらうよう指導	バス通学併用，早い児童は7:40頃登校 出勤時間は，当日の状況によりまちまち
8：20	職員室へ行く（出勤簿押印）。朝の打ち合わせ確認，少人数担当や相学級担任（同学年担任），交流学級の担任と確認・打ち合わせ 配布物ボックスを確認して持っていく	
8：30	朝の会 あいさつ／健康観察／当番児童スピーチ／係のお知らせ／学級の合言葉（学級目標）／先生の話（予定確認・連絡事項・配布物）	児童の様子を見ながら声かけに努める
8：40	X小タイム（朝の帯時間。授業時数に含む） 今月の歌・立腰指導	
8：50	1校時（算数） 「分数」の第1時。単元の導入でこの日は少人数担当とT.T.（協力教授）	普段は習熟度別2分割
9：40	2校時（国語）	
10：25	中休み 教室で窓を開けて換気／児童の詩の暗唱を聞く／宿題や直しができていない児童の見届け 職員室に戻り5校時（総合）のクイズ用紙印刷	
10：50	3校時（図工）	カッターナイフ使用のため，安全に配慮
11：40	4校時（音楽） 教室で笛のテスト。コロナ対応で1人ずつ黒板に向かって吹く	横から指づかいを見て評価

12：25	給食 身支度と手洗い／手指消毒・給食台消毒／給食当番と給食室へ 配膳の確認・食器の確認／配膳の様子確認／配膳量調整 食事／食事後の片づけ・歯磨き指導	食物アレルギーの児童への対応
13：05	昼休み。この日は体育館でスポーツ委員会企画ドッジボール大会	給食当番と給食室に返却
13：35	清掃	
13：55	5校時（総合的な学習の時間） 「食べ物はかせ」（テーマに決めた食べ物の調べ結果のクイズ） 1月給食週間に学習内容を発信する予定で指導 当初計画では国語と合科的に関連付けた指導を予定。コロナ臨時休校により計画変更（国語での学習後に総合的な学習で発展する形に）	
14：40	帰りの会 きょうのきらりさん／明日の当番（くじで決定）／先生の話／机の整頓・持ち物チェック／下校の挨拶	
14：55	6校時（委員会活動） 広報委員会で指導（11月「詩の暗唱大会」反省，12月活動等）	
15：40	児童の下校	バス通学もあるため下校時刻に注意が必要
放課後	教室の後片付け（戸締り確認／消毒／宿題・ノートの丸付け） 次週週予定概要作成，特別支援の先生に渡す 次週の校内研修で学年発表のため相学級担任と打ち合わせ 保護者へ電話（不登校傾向児童の保護者に，心理的安定を意図して），翌日の印刷，下校（テスト丸付けを持ち帰り）	コロナ後学習支援1人配置され，宿題丸付けに支援が得られる

出典：A教諭からの提供資料をもとに筆者作成

（2）　教員の仕事の特徴
1）仕事の「広がり」

　教員の仕事の特徴の第1は，仕事の「広がり（多様性）」と言える。教員の仕事としては，まず，区切られた校時における「授業」（あるいは幼稚園での保育）の遂行が想起される。担当する各教科等の内容理解と指導技術，子供の発達段階の理解を基盤に進める授業や学習指導が教員の仕事の中核となることは間違いないだろう。しかし，A教諭の1日の時間利用からは，教員が授業以外にも多様な仕事を行っており，それらが子供の資質・能力の育成に向けて重要であることが分かる（なお，「授業」と関わっても，A教諭は単に45分の授業時間内の指導にとどまらず，提出物の確認に基づく指導や登下校時・業間の教室換気等の環境づくりを含めて幅広い仕事を行っている）。

　例えば，A教諭は，「朝の会」（8：30-）「帰りの会」（14：40-）を典型に，日々の係活動や自他を認め合う活動を通じて集団活動の仕方を指導するとともに，学級を望ましい生活・学習の集団となるよう指導している。このような「学級経営」，さらに授業・給食・休み時間等の諸場面での集団・個々の指導を通じて（A教諭が保護者との電話連絡で理解・協力を深めていた点を含む），児童生徒の社会的資質を高め人格のより望ましい発達を促す「生徒指導」も，教員の重要な仕事と理解できる。

　またA教諭は，第3学年の学級担任を担当するとともに，研究主任として学校の教育指導上の課題の解決及び教職員（集団）の力量向上に関わる校内研修の推進を担当している。これら「校務（分掌）」は学校の組織的教育活動の円滑な推進に必要なものであり，学校の教職員は一般に学年・学級・教科／校務部門（教務・生徒指導・進路指導等）の複数を担当し，教員間で連携をとって仕事を進めている（この日A教諭

は，午前の算数の授業と関わって少人数担当教員と打ち合わせ，放課後には担当する校内研修について学年担任間の打ち合わせをしている）。

２）　仕事の「重なり」

　教員の仕事の特徴の第2は，教員が以上の仕事の複数を同時に遂行したり，ある仕事を複数の目的を持たせて行ったりする，「重なり（複線性や輻輳性）」を持つことである。例えば8時30分からの「朝の会」では，短い時間の間に，上述の学級経営とともに，児童の健康観察・確認，諸連絡で1日の見通しを持たせること等，多様な仕事を同時並行で遂行していることがうかがえる。

　また，各校時の授業においても，各教科等の学習指導と同時に，望ましい学級集団づくりに向けた指導，支援を行っている。また，ある校時に発生した出来事（児童間のトラブル等）を，その時間のみで解決するに留まらず，別の仕事も行いながらその1日の諸場面を使って解決していくこともしばしばある。教員には，子供の望ましい資質・能力の育成に向けて，俯瞰的な視野からこのような仕事の構成をコントロールできる力量が必要となる。

３）　仕事（で求められるスキル）の「深まり」

　教員の仕事の特徴の第3として，（仕事で求められるスキルの）「深まり」を挙げたい。教員の仕事は，単純かつ可視的な知識・技術の習熟によりこなせるものも少なくないが，子供や他教員との人間関係形成力量において遂行されるもの，さらに物事を広い視野で分析・構成できる内面的思考様式や力量（「コンセプチュアル・スキル」とも呼ばれる）の要素が大きいものもある（曽余田・岡東，2006）。A教諭の1日で見ると，5校時「総合的な学習の時間」において，新型コロナウイルス感染症による臨時休校後の計画変更のなかでも，年度当初計画で意識していた，国語科との関連的な指導を通じた資質・能力を保障する授業展開

（教員レベルの「カリキュラム・マネジメント」）があらためて見通しをもって進められており，これは教員の「コンセプチュアル・スキル」発揮による仕事の一例と言える。

　教員の仕事は，単純な知識・技能の獲得によってのみ果たせるとは言いがたく，深まりのある内面的な思考様式やその力量によって支えられるものも多い。教員には，このような力量を意識し，絶えず更新する努力が求められるところとなる。

4）　日本の教員の時間利用の特色

　以上に見てきた日本の教員の仕事の遂行様式や時間利用は，国際比較の視点からは特徴点を指摘できる。次頁の表4-2・表4-3は，OECD（経済協力開発機構）が2018年に実施した国際教員指導環境調査（TALIS2018）における，教員の仕事時間の調査結果（国立教育政策研究所，2019）を抜粋したものである。これを見ると，日本の小・中学校教員の仕事時間が他国に相対して長く，そのなかで授業以外の仕事（学校運営業務や事務業務，中学校における課外活動（（部活動））の指導等）に費やす時間が長いことが分かる。この点，後の第6・9章で触れるように，従来の日本の学校では，教員中心のスタッフ編成，加えて「メンバーシップ型雇用」とも呼ばれる日本型の雇用慣行（濱口，2011）のもとで，教員が学習指導・生徒指導等幅広い職務を担ってきた。このことは，教員間の連携を含めて，子供の状況を総合的に把握した質の高い指導を可能としたとポジティブに捉えられる一方，現在では教員の長時間勤務や事務業務の多さが課題視されており（さらに，TALIS2018の調査結果からは，教員が職能開発活動にかける時間の短さも課題と捉えられる），学校の多職種化等の諸方策を通じた教員の勤務時間の適正化（教員の本来的な業務としての「子供に向き合う時間」の増加）が求められるところとなっている。

表4-2　OECD/TALIS2018による教員の仕事時間比較（小学校）

	仕事時間合計	指導（授業）	課外活動の指導	学校運営業務	一般的事務
日本	54.4時間	23.0時間	0.6時間	3.2時間	5.2時間
韓国	32.5時間	20.4時間	1.3時間	1.8時間	5.3時間
イングランド	48.3時間	22.4時間	0.9時間	2.6時間	3.8時間

出典：文部科学省ホームページ内「OECD 国際教員指導環境調査（TALIS）2018報告書—学び続ける教員と校長—のポイント」より一部項目を抜粋して筆者作成

表4-3　OECD/TALIS2018による教員の仕事時間比較（中学校）

	仕事時間合計	指導（授業）	課外活動の指導	学校運営業務	一般的事務
日本	56.0時間	18.0時間	7.5時間	2.9時間	5.6時間
韓国	34.0時間	18.1時間	2.0時間	1.7時間	5.4時間
イングランド	46.9時間	20.1時間	1.7時間	2.0時間	3.8時間
アメリカ	46.2時間	28.1時間	3.0時間	1.7時間	2.6時間
参加48か国平均	38.3時間	20.3時間	1.9時間	1.6時間	2.7時間

出典：表4-2と同じ

2. 学校／教員のカリキュラム・マネジメント

　教育の直接の担い手である教員の使命は，対象となる子供に対して，社会環境の変化を踏まえつつ，発達段階に応じた学び・育ちを保障することを中核とする。現代日本の学校教員に重視される具体的職務として，最初にカリキュラム・マネジメントを取り上げる。

（1）　各学校における教育課程の編成

　各学校は，法令及び教育課程基準に基づき教育課程を編成し，子供に対する組織的な学習指導を展開する。

　2017年告示小学校学習指導要領の「第1章　総則」の第1の1では，

「各学校においては，教育基本法及び学校教育法その他の法令並びにこの章以下に示すところに従い，児童の人間として調和のとれた育成を目指し，児童の心身の発達の段階や特性及び学校や地域の実態を十分考慮して，適切な教育課程を編成するものとし，これらに掲げる目標を達成するよう教育を行うものとする。」（各校種の学習指導要領，幼稚園教育要領に同趣旨の規定）と，各学校が教育課程の編成主体であることが明示されている。

　これに基づき，各学校（・園）では，校長（園長）のリーダーシップのもと全教職員が連携・協力して，当該校における体系性を備えた教育課程を編成することになる。具体的には，学校教育目標・各教科等の指導の重点・各教科等の時数等（幼稚園の場合，教育目標・５領域を踏まえたねらいと内容の組織・環境構成・教育時間と週数等）を定めた学校レベルの教育課程の計画を策定する。この教育課程の計画は，小学校で言えば各教科・特別の教科　道徳・外国語活動・総合的な学習の時間・特別活動（その他食育やキャリア教育，安全教育等）のそれぞれについての，学年・教科・学級に落とし込んだ主に教員レベルの指導計画と関連づくことになる。また，各学校においては，教育課程の編成等に関わる校内組織体制（校務分掌の部門・委員会等）を設けて，計画された教育課程の実施管理とともに定期的な評価を行う。

　各学校の教育課程編成においては，①法令・学習指導要領や所管する教育委員会等の方針に従い，各学校や地域の実情も十分考慮すること，②学校教育全体を通じて育む資質・能力を踏まえつつ，子供の発達段階との整合も考慮して教育内容の領域・範囲（スコープ），教育内容の順序・系列（シーケンス）を定めること，③学校の権限・裁量事項（教育時間や時間割）を適切に運用すること，が留意されなければならない。

　以上の各学校レベルでの教育課程の編成・実施・評価は，各教員の日

常の学習指導等の営みと不可分に結びついていること，またその過程・仕組みに各教員が位置づき，積極的な意識と参加が求められていることを理解する必要がある。

（2）　カリキュラム・マネジメントの要請
1）　カリキュラム・マネジメントの考え方

　各学校においては，以上の考え方に基づいて教育課程の編成・実施が行われてきたが，規制作用が相対的に強かった過去の教育課程行政のもとでは，学校現場において教育課程を，時数等で配分された教科等の実施計画・行政提出文書と狭くイメージする傾向や，地域や学校の実情，子供の実態・特性への考慮を欠いて編成・実施される傾向も見られた。

　これに対して，1998・99年改訂学習指導要領（「総合的な学習の時間」導入）以降，従来の教育課程の実施態様からの転換が積極的に図られてきた。それは2017・18・19年改訂学習指導要領において，各学校の「カリキュラム・マネジメント」の確立として提示されている。

　「カリキュラム・マネジメント」とは，小学校学習指導要領（第1章　総則　第1の4）においては，各学校において「児童や学校，地域の実態を適切に把握し，教育の目的や目標の実現に必要な教育の内容等を教科等横断的な視点で組み立てていくこと，教育課程の実施状況を評価してその改善を図っていくこと，教育課程の実施に必要な人的または物的な体制を確保するとともにその改善を図っていくことなどを通して，教育課程に基づき組織的かつ計画的に各学校の教育活動の質の向上を図っていくこと」，幼稚園教育要領においては，各幼稚園において「全体的な計画にも留意しながら，『幼児期の終わりまでに育ってほしい姿』を踏まえ教育課程を編成すること，教育課程の実施状況を評価してその改善を図っていくこと，教育課程の実施に必要な人的または物的な体制を

確保するとともにその改善を図っていくことなどを通して，教育課程に基づき組織的かつ計画的に各幼稚園の教育活動の質の向上を図っていくこと」と定義されている（幼稚園の場合，上述の『幼児期の終わりまでに育ってほしい姿』を小学校の教員との意見交換等を通じて共有し，小学校教育との円滑な接続を図るようカリキュラム・マネジメントを図ることが特に強調されている）。

　「カリキュラム・マネジメント」の考え方は，2017・18・19年学習指導要領改訂にかかる中央教育審議会（初等中等教育分科会教育課程部会）の課題意識に基づいている。同部会の審議では，近未来の社会構造の変化（グローバル化，情報化進展等による予測困難な時代の到来）を見通して，子供に育成すべき資質・能力を，①生きて働く「知識・技能」，②未知の状況にも対応できる「思考力・判断力・表現力等」，③学びを人生に生かそうとする「学びに向かう力・人間性」の3要素（3つの柱）に整理した。そして，子供が「何ができるようになるか」を意識したうえで，必要な指導内容・教育課程（「何を学ぶか」），学習指導の改善充実（特に主体的・対話的で深い学びを核とした「どのように学ぶか」）の相互の関連を，環境条件の裏付けの側面を含めて成立させる「教育課程の構造化」の必要性を打ち出した（図4‐1）。これを基盤に，学習者の経験の総体を意味する「カリキュラム」の概念を前面に出した，「カリキュラム・マネジメント」の確立が各学校に要請された。

2）　各学校におけるカリキュラム・マネジメントの内容

　各学校におけるカリキュラム・マネジメントとは，何をすることだろうか。2017年告示小学校学習指導要領における定義に戻ると，そこでは次の3つのポイントが示されていた。

図4-1 各学校へのカリキュラム・マネジメントの要請

出典：中央教育審議会初等中等教育分科会教育課程部会報告「次期学習指導要領等
に向けたこれまでの審議のまとめについて」，2016年8月26日

1）学校教育目標の達成に必要な教育内容を，教科横断的な視点で組織
　　的に配列すること。

2）教育の質の向上に向けた，各種データ等に基づく教育課程の編成・
　　実施・評価・改善のPDCAサイクルを確立すること。

3）教育内容と，教育活動に必要な人的・物的資源等を，地域等の外部
　　の資源も含めて活用しながら効果的に組み合わせること。

　これらからは，各学校のカリキュラム・マネジメントが，①当該校の
教育目標の具現化に向けて，横断的・系統的視点の元に各教科等の内容
の組織的配列（及び改善サイクルの機能化）を図る「教育活動系列」の
取り組みと，②教育活動の裏づけとなる組織体制，人的・物的・財的さ

各学校におけるカリキュラム・マネジメントの構図

教育活動系列

教育目標の具現化に向けた横断的・系統的視点のもとに教科等の内容の組織的配列

● 教科等間の内容・方法上の有機的関連の具体化
● データに基づく自校課題の明確化と目標・ビジョンの策定・共有化

経営活動系列

教育活動の裏付けとなる（地域等外部を含む）組織体制、資源（人的・物的・財的）の最適化

● 教員の協働的指導体制の工夫
● 家庭・地域の目標共有と連携協働の確立
● 教職員間のアイデア・技術共有の工夫

図4-2　各学校におけるカリキュラム・マネジメントの構図

出典：大野裕己「資質・能力を育成するカリキュラム・マネジメントの充実に向けた課題と方策」『教育展望』臨時増刊51，2019年7月

らに時間・情報の資源の最適化を図る「経営活動系列」の取り組みとの有機的対応関係の構図で意識されていることが分かる（図4-2）。つまり，子供の学習効果の最大化に向けて，日常の教科等や学年を越えた組織運営，家庭・地域との積極的な関係を基盤に，教科等間のつながりも考慮された学びの過程を具体化・改善するという俯瞰的な視野に立つことが，今次学習指導要領でのカリキュラム・マネジメント推進の要となる。

　なお，今次学習指導要領では，学校と社会との間で，学校教育の理念や子供の資質・能力を保障する教育課程の共有，その実現に向けた連携及び協働を重視する「社会に開かれた教育課程」の実現が，各学校のカリキュラム・マネジメントの前提として求められている。この点は第11章で取り上げる。

（3）　カリキュラム・マネジメントと教員

　以上に見たカリキュラム・マネジメントは，一教員の立場からは，自らの教科等の授業の領分を越えた，学校管理職や教務主任の営みと捉え

られるかもしれない。しかし，子供の学習効果の最大化に向けた諸教育
活動・学びの過程の具体化・改善の視野に立てば，校種の別なく各教員
のカリキュラム・マネジメントへの意識と関わりが求められる。ここで
は，校内で共有された子供の資質・能力像や教育課程の全体構想（教育
活動系列と経営活動系列）と連鎖させて，各教員レベルの教科等の教育
活動及び学習指導を計画・展開すること，加えて個々の教員が，教科等
間連携や資源の活用を通じて教育活動の効果を高めた経験に立脚して，
教育課程の全体構想の練り上げに参加していくことの2つのベクトルが
大切となろう（冒頭に取り上げたA教諭のケースを振り返ると，国語
科の学習指導と実施時期を関連づけながら，総合的な学習の時間の単元
展開を充実させていた5校時の総合的な学習の時間の取り組みが，教員
レベルのカリキュラム・マネジメントの分かりやすい例と言える）。

　実際の学校のカリキュラム・マネジメントは，内容・範囲や主たる担
当者の別から，「授業タイプ（授業に関する諸条件の配慮と整備）」「教
科タイプ（同じく教科主体）」「学年タイプ（学年主体）」「学校タイプ
（学校全体）」の階層的構造としても捉えうる（山﨑，2018）。今次学習
指導要領の趣旨に立てば，「学校タイプ」のカリキュラム・マネジメン
トが指向されるが，各教員・集団が上述の構造を念頭に置き，当該校の
状況において取り組みうるタイプから主体的・協働的にその内容を充実
させ，学年・学校タイプの取り組みへの拡張を図っていくことが期待さ
れる。

学習課題

（1）　学校ボランティア等の機会に教員の職務行動も観察し，時間・空間利用の状況から，教員の仕事の特質を整理してみよう。

（2）　特色ある取り組みを進めている学校の実践記録（書籍等）を読み，本章でのカリキュラム・マネジメントの視点から，その学校においてどのような学校・教員レベルの取り組みの工夫が見られるか，整理してみよう。

参考文献

天笠茂『カリキュラムを基盤とする学校経営』（ぎょうせい，2013年）

大野裕己「資質・能力を育成するカリキュラム・マネジメントの充実に向けた課題と方策」『教育展望』臨時増刊51（教育調査研究所，2019年）pp.47-52

国立教育政策研究所編『教員環境の国際比較：OECD国際教員指導環境調査（TALIS）2018報告書』（ぎょうせい，2019年）

曽余田浩史・岡東壽隆編『新ティーチング・プロフェッション』（明治図書，2006年）

田中統治「カリキュラム開発」篠原清昭編『スクールマネジメント』（ミネルヴァ書房，2006年）pp.138-154

中央教育審議会初等中等教育分科会教育課程部会　報告「次期学習指導要領等に向けたこれまでの審議のまとめについて」（2016年）

濱口桂一郎『日本の雇用と労働法（日経文庫）』（日本経済新聞社，2011年）

文部科学省『生徒指導提要』（2010年）

山﨑保寿『「社会に開かれた教育課程」のカリキュラム・マネジメント』（学事出版，2018年）

油布佐和子編『現代日本の教師—仕事と役割—』（放送大学教育振興会，2015年）

第2部　教員の職務—どのような仕事を遂行しているのか？（2）

5 学習指導・生徒指導・学級経営の展開

大野裕己

《目標＆ポイント》　本章では，教員の1日の職務行動・時間利用の中核をなす学習指導・生徒指導・学級経営の仕事について理解を深める。子供の学習活動の促進や自己指導能力・社会的資質の育成に向けて展開される学習指導・生徒指導・学級経営の基本的事項を学ぶとともに，社会変化のなかで新たに求められるポイントについても理解する。
《キーワード》　学習指導，授業，生徒指導（積極的生徒指導・消極的生徒指導），学級経営，子供の資質・能力の育成，主体的・対話的で深い学び，GIGA スクール構想

1. 学習指導・生徒指導・学級経営の複合的展開

　学校では，教育基本法等の法令や学習指導要領，設置者の方針を踏まえつつ，子供の発達の状況や当該学校・地域の実情に照らして，当該学校の創意の下に学校教育目標及び教育課程が定められ，学習指導・生徒指導・学級経営の多様な教育活動が展開される。

　教科等の授業を中心に子供の学習活動を組織・展開する学習指導，子供の人格のより望ましい発達を目指して教育課程の内外の全領域で行われる生徒指導は，いずれも現在の学校教育の中核的な機能と捉えられる。また，教育活動の基礎単位として編制された学級を学習集団・生活集団

として機能させる学級経営は，教育課程上の特別活動（学級活動），生徒指導の両面で行われる。

　近代学校創設期においては，学校教育は教科目の内容に関わる学習指導の機能を中心的に果たしてきたが，大正期以後，社会環境の変化を背景として，職業指導を含む生徒指導の機能が漸次的に学校教育に組み込まれ，教員の担うべき仕事・業務の領域が拡大された（棚野，2018など）。現在の日本の学校教育においては，教員は学校教育目標の達成に向けて，各教科の学習指導計画，学年・学級経営計画（さらに校内の分掌組織レベルで生徒指導計画）等を立案し，日常の具体的な教育場面において学習指導・生徒指導を重ね合わせて展開している。

2.　学習指導

　第4章の教員の職務行動・時間利用でも概観したように，教員は1日の多くの時間を担当教科（小学校の学級担任教員の場合，専科教員の担任科目を除く大半の科目）の学習指導に費やす。「学習指導」とは，「児童生徒が自分の力で学ぶことができるようになることを目標とし，主として教科目の授業において教師が児童生徒の学習活動を組織し，展開すること」（今野他編，2014，p.87）を指し，学習者（児童生徒）の知識・技能・態度の主体的な獲得・改善（としての学び）を重視する指導者（教員）の働きかけ・機能を意味する。以下，教員の仕事としての学習指導の枠組みについて触れていきたい。

（1）　教育課程の基準

　学校教育法第33条においては，学校の教育課程に関する事項は文部科学大臣が定めることが規定されている。これに基づき，文部科学大臣は学校教育において体系的・組織的な教育が展開されるために必要となる

教育課程の基準を設定する。

　文部科学省令である学校教育法施行規則においては，学校種別ごとに教科等の教育課程の編成領域が示されている（例えば小学校：第50条，中学校：第72条）。さらに，同施行規則は，小・中学校等において各教科等に充てられる時間数及び年間の総授業時間数の標準（標準授業時数）を定めている（2017・18・19年改訂学習指導要領の場合，小学校各学年の総授業時間数850－1,015時間（（1単位時間45分）），同じく中学校各学年1,015時間（（1単位時間50分））。高等学校については単位制を採用）。

　学校の教育課程については，さらに，文部科学大臣が教育課程の内容の基準として公示する「学習指導要領」（幼稚園については「幼稚園教育要領」）によることとなっている。学習指導要領では，全国どの地域においても国民が一定水準の教育を受けられる最低基準としての，授業時数の取扱い（例えば小・中学校の年間週数を35週（（小学校第1学年は34週））とする等），各教科等の目標や内容，内容の取り扱いが大まかな形で定められている。これらの教育課程の基準は，学校及び教員が学習指導を計画するうえでの前提となる。

（2）　各学校における学習指導計画

　上記の基準の一方，関連法令では，各学校が教育課程の編成主体であること（学習指導要領），授業終始の時刻は校長が定めること（学校教育法施行規則第60条），時間割についても1単位時間の運用を含めて各学校で編制すること（学習指導要領。10〜15分程度の短い時間の活用による教科等の指導も年間授業時間数に含めることができる。第4章表4-1の「X小学校タイム」の当該日の内容は，音楽の授業時数にカウント）といった，各学校での創意工夫（裁量）の余地を示している。

　これに基づき各学校で策定・編成される学校教育目標及び教育課程の
もとで，教員は教科等・領域のそれぞれについて，学年・学級（学年）
ごとに，指導目標，指導内容，指導の順序，指導方法，使用教材，指導
の時間配当等を具体的に示した学習指導計画を作成する。学習指導計画
には全国的な定型はないが，年度単位の年間指導計画から，学期・月・
週・1単位時間ごとの指導計画（学習指導案）あるいは単元ごとの指導
計画，さらに特別支援教育に係る個別の指導計画等が，必要に応じて相
互関連のもとに作成される。教員はこれらを，年間授業時数の確保，子
供や地域の実態，（総合的な学習等の）学年縦断的な全体計画との関連
を意識して作成し，作成後は時数確保の確認等の進捗管理や検証・評価
を行い，その結果を次年度の計画策定にフィードバックしていくことが
求められる。

（3）　単元・授業の学習指導の構想

　教員にとって具体性の高い学習指導の場面は，1単位時間の「授業」
となるだろう。授業とは，教員と子供が，特定の教材を介して行う教
授・学習の過程である。1単位時間の授業は，教科等における一定の目
標・題材を核とする内容・時間の有機的なまとまりである単元の計画と
密接な関連をもって計画・実践される。

　学校教育における授業の枠組みは，教員，学習者である子供，教材を
基本的な構成要素とする，三者の関係構図として捉えられる（例えば，
樋口編，2019）。教員は，関わる子供に習得させたい資質・能力を意識
した教材研究及び学習内容の選択・配列，子供の実態に即して学習内容
への関心・意欲を引き出す指導・援助の提供，教材に基づく子供の学び
の具現化，のすべてに注意を払って，単元・授業を構想することが求め
られる。

第○学年○組 ○○科学習指導案

指導者 ○ ○ ○ ○ 印

単 元 （題材，主題）

指導観
○ 単元・題材観‥‥
○ 児童生徒観‥‥
○ 指 導 観‥‥

目 標
※単元・題材（主題）の目標

【4観点の目標】	【3観点の目標】
・「関心・意欲・態度」 ・「思考・判断・表現」 ・「技能」 ・「知識・理解」	・「知識及び技能」 ・「思考力・判断力・表現力等」 ・「主体的に学習に取り組む態度」

計 画 （○○時間）
※単元の各段階の主な学習活動と指導上の留意点，評価規準，配時等を示す。

本 時 令和○○年○○月○○日（○曜日）第○校時 ○○において
○ 主 眼 具体的かつ明確に学習内容と目標を示す。
○ 準 備 主眼達成のために必要な資料・教具等
○ 展 開 学習の過程

	学習活動・内容	学習形態	指導上の留意点	評価規準・評価方法	配時
導入	1 ○○○ 　○○○ 　※1	全	○ 　※2	○	5'
展開	2 ○○○ 　○○○	個	○	○	10'

※1 学習活動については，児童生徒が行う活動を書くようにします。
　　例：「～について話し合う。」
　　　　学習内容は，学ばせたいことや気付かせたいことについて児童生徒を主体にして書きます。
　　例：「～が～であることに気づく。」

※2 指導上の留意点については，教師が行う指導・支援の内容と目的を書くようにします。
　　例：「～についてペアで話し合わせる。」→「自分の考えとの違いを明確にするために，～について
　　　　ペアで話し合わせる。」

図5-1 学習指導案の様式例

出典：福岡県教育委員会「若い教師のための教育実践の手引き（令和2年度版）」，
2020年

　教員は，典型的には「学習指導案（授業案）」において，授業での学習指導の展開・手順を考案する。学習指導案は各地で多様に考案作成されるが（図5－1），一般的には，指導案名（学年・教科等），日時・場所・指導者名，単元名，当該内容指導に係る教材観・児童生徒観・指導観，単元目標・計画と本時の位置づけ，本時の目標，用具，本時の展開（導入・展開・まとめ等の学習活動の過程や配時）と指導上の留意点（児童生徒への指導・支援），評価の観点等で整理・構成される。学習指導案を通じて，主たる授業者において前段に見た授業の要素・関係構造が具体的に検討・記述されるとともに，複数教員で学習指導に関わる場合，教員間の共通認識や共通実践を促進することになる（第4章表4－1における朝の教員間の打ち合わせ等）。

（4）　教材・学習形態・指導技術
【教材】

　教材とは，広義には，教員の学習指導と子供の学習活動とを媒介し，両者を成立させる材料を指す。小学校等においては，教科書（教科用図書）が，教科の教授に供される「主たる教材」として法令上（学校教育法第34条）位置づけられており，文部科学大臣の検定を経た，または文部科学省が著作の名義を有する教科書の使用義務も定められている（現在においては，紙の教科書の内容をそのまま電磁的に記録した「デジタル教科書」を使用することも，一定の条件で可能となっている）。他方，法令は教科書以外の教材で有益適切なものを，小学校等において補助教材として使用することを認めている。これらの法規定の下で，教員には，子供の実態に即した学習活動の成立に向けて，教科書の内容構成や特徴の理解を深め，教科書や補助教材を最適に構成・活用する創意工夫としての教材研究が期待される。

【学習形態及び教授組織】

　現代の学習指導では，子供の学習形態や教員側の教授組織についても工夫の余地が広がっている。かつての学校教育においては，学級単位で子供たちが同じ進度で学習する「一斉学習」（講義法）が主流の様式と言えたが，近年，多面的な資質・能力の保障と関わって，学習の進度に着目して個々のペースで学ぶ「個別学習」，集団の規模に着目した「ペア学習」「小集団学習」，また学習の目的に着目して，問題解決に向けた協同を重視する「協同学習」等，多様な学習形態を採用しうる。これと関連して，教員側での教授組織も，個業化指向の学級・教科担任制に限らず，複数教員によるティーム・ティーチングや習熟度別指導等の選択肢があり，これを可能にする教員配置も進んでいる。

　現代の教員は，これら学習形態や教授組織について，第4章表4-1の「算数」での実践（通常は少人数習熟度別指導で行っているが，この日は単元初めで作業的内容が多いことからティーム・ティーチングにより実施）に見られるように，学習内容の特質や目的に即して，柔軟に選択・運用できる視野と力量を備えることが期待される。

【指導技術】

　教員は，子供の学習内容に対する関心・学習意欲の喚起や資質・能力の育成に向けて，多様な指導技術を通じて学習活動に働きかける。伝統的には，「板書」を通じた学習過程の整理・視覚化の促進，教員から子供への「指示」「発問」による学習活動への集中の促進や思考の揺さぶり・触発，板書も含む「ノート指導」を通じた児童の学習活動の深化や改善等が挙げられる。第4章表4-1のA教諭においても，1日の時間利用において宿題・提出物等を含むノート指導を重視していることが分かる。

　現在においては，第4章で触れた子供の多面的な資質・能力の育成を

背景に，電子黒板やタブレット型 PC 等を用いた「ICT 機器の活用」，あるいはノート指導の拡張として，子供の学習過程での成果物をまとめた「ポートフォリオの活用」等も重視されてきている。

3. 生徒指導

　「生徒指導」は，学校におけるきまり（規範意識）の指導や問題行動への対応，あるいは中学校以上の営み（このことは，中学校・高等学校段階において生徒指導主事が法令上明確に位置づけられていることが影響している）としてイメージされやすい。しかし，生徒指導の目的・内容は本質的により広く，積極的なものである。

　文部科学省の『生徒指導提要』（2010）では，生徒指導とは，「1人ひとりの児童生徒の人格を尊重し，個性の伸長を図りながら，社会的資質や行動力を高めることを目指して行われる教育活動」（p.1）を指し，特に児童生徒が現在・将来の自己実現を図っていくための「自己指導能力」の育成が重視される。そのため生徒指導は，放課後を含む学校生活の全体に及ぶとともに，個々への指導・援助と集団への指導の両面にわたる統合的な教員の働きかけ・活動であり，学習指導と並んで学校教育を成立させる重要な機能と捉えられる。再び第4章表4-1のA教諭の職務行動を見ても，学校生活での児童間トラブルへの対応（ドッジボール大会時）を典型に，授業時間・放課後を問わず個々の育ちを踏まえた指導・支援（提出物の点検を通じた自己有用感・学習習慣への働きかけ，不登校気味の児童の保護者への連絡）や児童間の望ましい人間関係形成を意図した働きかけがなされており，小学校においても生徒指導は教員の重要な職務の1つであることが読み取れるだろう。

（1）　生徒指導の内容と体制
【生徒指導の視野と内容】

　児童生徒の個々・集団の双方に働きかける，統合的な機能としての生徒指導における視野は，「成長を促す指導」「予防的な指導」「課題解決的な指導」に大別できる（文部科学省，2010）。いじめや不登校，問題行動等，現に発生している具体的な課題の解決に焦点を当てた個々・集団への指導・支援である「課題解決的な指導」は，当然に教員が重視すべき視野であるが，それのみに留まらず，問題を未然に防ぐ／初期段階で解決する「予防的な指導」，さらには全ての児童生徒に対して自己肯定感や成長に対する意欲，内面の社会的資質を高める「成長を促す指導」も，生徒指導を捉える視野に置くことが求められる。

　このような視野で教員が取り組む生徒指導の主要な内容は，以下の5つに整理できる。

①児童生徒の理解とアセスメント：児童生徒1人ひとりの能力・性格的特徴・要求や悩みの事実やその背景にある環境条件，さらに担任学級等の集団の構造・特徴について理解することは，効果的な指導・支援の基盤となる。教員は，日常の観察や面接その他のアセスメントを通じて，児童生徒個々・集団への理解を深める。

②各教科における生徒指導：学校生活の中心となる各教科の授業において生徒指導の機能を発現させる。分かる授業の工夫に加えて，児童生徒の「居場所」づくりとして，個々の活躍の場や協同で学び合う機会を充実させる。また，児童生徒理解に基づき，学習への動機づけや家庭での学習習慣の確立を図る。

③道徳教育・特別活動等における生徒指導：人間としての生き方や社会の形成者としての内面的な資質など，自己指導能力・自己実現との関連が大きい道徳教育（「特別の教科　道徳」等）・特別活動（学級活動・児

童会／生徒会活動・クラブ活動・学校行事）について，生徒指導と関連
づけた指導を図る。特別活動においては，異年齢集団活動の充実も，生
徒指導の機能（自己指導能力や社会性の促進）と関わる指導場面として
意識しうる。なお，児童生徒がキャリアを形成していくために必要な能
力や態度を育成するキャリア教育も，その目的・内容において生徒指導
との関連が深い。

④問題行動への指導：非行・暴力行為・いじめ・不登校等の問題行動に
ついて，全ての児童生徒に問題行動の要因が潜在するとの理解に立って，
未然予防としての取り組み（②③の取り組みやソーシャルスキル・ト
レーニング等）を進めるとともに，事案発生においては問題の事実・原
因の迅速な確認と個々の児童生徒の特性・課題に照らした指導・援助を
展開する。

⑤教育相談：悩み・困難を抱える個々の児童生徒に対して，その兆候の
早期発見に努めるとともに，個別ニーズの見立てに立った内面の変容へ
の支援・援助（面接等）を，各教員あるいは専門スタッフ等（第3部第
8・9章で取り上げる）との連携において展開する。

【生徒指導の体制】

　生徒指導は学校の全教育活動を通して行われるため，一貫性・組織性
ある体制構築が重要となる。そのため，各学校の校種や実情に即して，
生徒指導に関わる校務分掌組織等が設定されるとともに，全校的な生徒
指導の方針・指導の基準，年間計画が定められる[1]。各教員はこれらを
共通理解したうえで，個々の指導・支援あるいは校内あるいは校外機関
と連携したチーム援助を実践・改善していくことが求められる。

　また，学習習慣・生活習慣と関わっては家庭教育の役割が大きいこと
から，教員においては家庭・保護者との意思疎通・役割分担等の連携の
充実を図ることも大切となる。

1）学校におけるいじめ対応と関わっては，2013年制定のいじめ防止対策推進法に
より，各学校には防止対策の基本方針や組織を定めるとともに，早期発見のための
定期的調査等の措置を講じることが求められている。

（2）　生徒指導の現代的問題

　ところで，いじめ，暴力行為や不登校等の児童生徒の問題行動の状況は，最近においても憂慮すべき状況を脱していない。2019（令和元）年度にかかる文部科学省（2020）の調査結果を見ると，暴力行為（小・中・高）の発生件数は総計78,787件（図5-2），いじめの認知件数（小・中・高・特）は総計612,496件，不登校児童生徒数は小・中181,272人となっている。校種により横ばい・減少傾向の項目もあるが，2010年代において総じて増加傾向にあり，暴力行為やいじめ等は小学校での増加が顕著で[2]，自殺等痛ましい事件につながる事象も見られる。以上の問題の原因としては，子供の規範意識の希薄化や内面に抱えるストレスの問題，さらにその背景にある家庭環境の変化の影響等が指摘さ

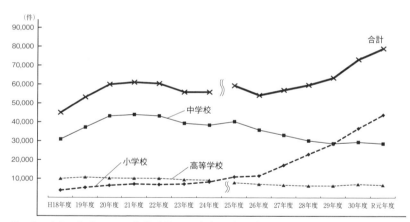

注1）平成25年度からは高等学校に通信制課程を含める。
注2）小学校には義務教育学校前期課程，中学校には義務教育学校後期課程及び中等教育学校前期課程，高等学校には中等教育学校後期課程を含める。

図5-2　学校の管理下・管理下以外における暴力行為発生件数の推移（国公私立）

出典：文部科学省初等中等教育局児童生徒課，2020より平成18年度以降を抜粋

2）いじめについては，教職員の「認知」に基づく件数であることに注意を要する。

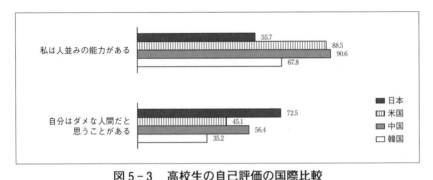

図5-3　高校生の自己評価の国際比較
出典：国立青少年教育振興機構，2015年より抜粋

れている。

　さらに，諸外国との比較調査において（図5-3），日本の子供・若者における自己肯定感・自己有用感の低さ，学校満足度の低さ等が継続的に指摘されてきたこと[3]を重ね合わせると，日本の学校教育において，本章で見てきた統合的な機能としての生徒指導の充実が，各学校レベル，さらに校種間連携を通じて図られることが必要と指摘できる。

（3）　生徒指導の法的事項

①校則：校則とは，学校が教育目的を達成するうえで定める，児童生徒が遵守すべき学習上，生活上の規律に関わる内部規定を指す。校則の制定について法令上の明文規定はないが，過去の判例は，校長の権限において教育目的の達成上必要かつ合理的範囲で定めることができると判示してきた。学校（教員）においてはこれに基づき生徒指導等を行うこととなるが，ここまで見た生徒指導の本質に照らして，学校・児童生徒の実情を踏まえた適切な内容への見直しを絶えず行っていくこと，そして児童生徒が校則を自らのものとして捉え守る態度を指導していくことが重要となる。

3）国立青少年教育振興機構，2015・内閣府，2019

②懲戒と体罰：学校教育法11条は，校長及び教員に，教育上必要がある場合（規律に違反する等）に，児童生徒に教育的配慮の下に懲戒を加えることができる旨を定めている。ただし，身体に対する侵害や肉体的苦痛を与える「体罰」を行うことは禁止されている。

　懲戒は，a）叱責・罰当番など日常的な教育活動において行われる「事実行為」としての懲戒と，b）「法的効果」を伴う処分（退学・停学・訓告）としての懲戒に大別される。ただし，教育を受ける権利の保障の観点から，b）の法的効果を伴う懲戒のうち，退学は義務教育段階の公立学校では行うことができず，停学は国・公・私立を問わず義務教育段階の学校では行うことができない。

4. 学級経営

（1）　学級経営の意義

　校種による違いはあるが，一般に日本の児童生徒は1日の学校時間の大半を学級（高校ではホームルーム）で過ごす。学級は，法令による1学級当たり児童生徒数の標準に基づき編制され（「同学年の児童で編制する学級」は，小学校（《義務教育学校の前期課程を含む》）は最大35人[4]，中学校（《義務教育学校の後期課程を含む》）は最大40人），多くの場合，子供にとって選択が不可能な偶然的・運命的な集団となる。

　そのような学級集団を，担任教員が積極的な学習集団・生活集団（拠り所としての準拠集団）として形成していく営みが，学級経営と言える。第4章表4－1のA教諭の職務行動においても，朝の会・帰りの会での個々の役割発揮や共感的人間関係に向けた取り組みや，授業時間での主体的な学習態度育成の指導が展開されるとともに，始業前・業間における換気等教室環境の整備が細やかになされており，担任教員の行う学級

4）2021年の義務標準法（公立義務教育諸学校の学級編制及び教職員定数の標準に関する法律）改正法成立により，従前の40人（第1学年は35人）より引き下げられた。ただし，2024年度までの間における学級編制の標準については，第2学年（2021年度）から学年進行で段階的に35人に引き下げる経過措置が設けられている。

経営の仕事の幅広さをうかがうことができる。

（2）　学級経営の内容

　学級経営は，子供への指導の側面で見れば，特別活動における学級活動・ホームルーム活動（集団活動への参画・人間関係形成・自己実現）との重なりが大きく，その意味で生徒指導との関連も強い。

　担任教員による総合的な場づくり・条件整備としては，学級経営の内容は以下4点に整理できる（今野他編，2014・北村，2012など）。

①**教育活動の経営**：学級の教育目標達成に向けた授業を含む教育活動の計画・運営等

②**集団の経営**：子供の拠り所となる集団・人間関係の形成

③**教室環境の経営**：教室の照度・室温・換気の環境衛生や施設設備・教材等の物理的環境の整備・活用等を通じた，安全・安心できる学びの空間の保障

④**基盤の経営**：出欠席の統計や児童生徒の実態調査，文書作成の事務等。

　担任教員はこれらの内容を，担任する学級の子供たちの特性・課題の理解に基づき構成していく。

　学級経営は，学校の教育目標の実現を目指して行われるため，学校経営の目標・計画を踏まえて年間の学級の教育目標，学級経営計画を策定し，子供・保護者との年間の関わりを通じて実施評価（PDCAサイクル）していくが，その計画・実践の多くは担任教員の裁量に委ねられる。前段で整理した学級経営の内容は，習得容易な技術のみで遂行できず，子供の状況を踏まえた方略—具体策の論理的立案の力量（コンセプチュアル・スキル）や人間関係形成能力等，一定の熟練を要する力量が求められる部分も多いが，子供の多様性をはじめ教育固有の難しさに向き合うことを自らの社会的使命として引き受けた教員にとって，「やりがい」

を感じる仕事であることは間違いないだろう。各教員においては，視野・力量を不断に更新しながらこれを遂行していくことが期待される。

5. 学習指導・生徒指導の今日的課題

以上に見た基本的事項に加えて，これからの学校教員が留意すべき学習指導・生徒指導の今日的課題を3点指摘したい。

第1は，「主体的・対話的で深い学び」の実現である。第4章で触れた通り，社会変化の複雑さ・予測困難さが増大する近未来の状況と関わって，2017・18・19年改訂学習指導要領では，現在の子供に①生きて働く「知識・技能」，②未知の状況にも対応できる「思考力・判断力・表現力等」，③学びを人生に生かそうとする「学びに向かう力・人間性」の3つの柱での多面的な資質・能力を保障し「持続可能な社会の創り手」として育てていくことが重視された。このことに向けて，各学校に対して「(子供が) 何ができるようになるか」を意識した「カリキュラム・マネジメント」を求めるとともに，各教員の学習指導・授業においては，「主体的・対話的で深い学び」(アクティブ・ラーニングの視点での授業改善) の実現を要請した。

これは，各教員の授業に特定の形式・技法の導入というよりも，各教科の単元・題材・指導計画の作成において，「主体的な学び」(興味・関心や学習活動の見通し)，「対話的な学び」(異質な他者との対話と協働)，「深い学び」(知識等の関連づけや問題解決・創造) の「視点」に基づく，各科目の特質や固有の見方・考え方に基づく学習過程を充実させる (資質・能力の育成につなげる) 授業改善を求めているものと捉えられる。今後の教員においては，このような枠組みで子供の授業・学習指導を構想できる視野が必要となる。

第2は，上記の子供の資質・能力の育成とも関連する，「学習指導に

おける ICT のより効果的な活用」である。2010年代の国際比較調査においては，教室の授業でのデジタル機器の利用時間が短いことが課題視されてきた（例えば文部科学省・国立教育政策研究所，2019）。人工知能（AI）等情報化が加速度的に進む Society5.0の到来を背景に，文部科学省は，上記の「主体的・対話的で深い学び」の推進，あるいは多様な学習ニーズを持つ子供の「個別最適な学び」の保障に向けた「1人1台端末」「高速大容量通信ネットワーク」を主軸とする教育 ICT 環境の整備（GIGA スクール構想：「GIGA」は Global and Innovation Gateway for All の略称）を急ピッチで進めている。今後の教員においては，新たな環境・ツールに習熟し，ICT の活用を通じた各教科横断的な探求学習（STEAM 教育等）の推進や，一斉学習・個別学習・協同学習等の学習形態のより効果的な選択・設計を進めていくことが求められる。

　第3として，「With コロナ期の学習指導・生徒指導の再構築」を挙げたい。2020年以来の新型コロナウイルス感染症の世界的流行により，現在の各学校は，地域的な感染状況に応じた臨時休業・分散登校の実施，さらにそのような環境下で生起する子供の学び・育ちの課題（困りごと）への対応の必要性に直面している。当面の教員（集団）には，感染防止に増して，短時日で子供に生起しうる課題を迅速に把握し，「子供の学びを止めない」手立て（例えばオンライン授業／生徒指導）を機動的に講じることができる体制づくりや実践開発が強く期待されるだろう。

学習課題

（1）　日本の学校・教員が担う領域の拡大の経緯について，資料を調べて整理してみよう。

（2）　任意の教科・題材を取り上げて，本章の内容を参考に，1単元の指導計画や1時間の学習指導案を試みに作成してみよう。

（3）　日本の子供・若者の実態に関わる諸調査を参照したうえで，（任意の校種を取り上げて）現在の学校の学習指導・生徒指導で留意すべき点を整理してみよう。

参考文献

北村文夫編『学級経営読本』（玉川大学出版部，2012年）

国立青少年教育振興機構「高校生の生活と意識に関する調査報告書—日本・米国・中国・韓国の比較—」（2015年8月）

今野喜清・新井郁男・児島邦宏編『第3版 学校教育辞典』（教育出版，2014年）

棚野勝文「日本型学校教育における生徒指導の所在—生徒指導に対する認識・解釈の歴史的変遷より—」『日本教育経営学会紀要』第60号（2018年）pp.180-185

内閣府『子供・若者白書〈令和元年版〉』（日経印刷，2019年）

樋口直宏編『教育の方法と技術』（ミネルヴァ書房，2019年）

文部科学省『生徒指導提要』（教育図書，2010年）

文部科学省・国立教育政策研究所「OECD生徒の学習到達度調査2018年調査（PISA2018）のポイント」（2019年12月3日）

文部科学省初等中等教育局児童生徒課『令和元年度 児童生徒の問題行動・不登校等生徒指導上の諸課題に関する調査結果について』（2020年10月）

第2部　教員の職務―どのような仕事を
　　　　遂行しているのか？（3）

6 │ 教員の勤務実態と
　　　「学校における働き方改革」

川上泰彦

《目標＆ポイント》　教員の仕事は，授業とその準備以外にも様々なものがある。本章ではまず，ここ10年程度で行われた国内調査・国際調査のデータを用いて，日本の教員は従事する業務の種類が多く，かつ長時間にわたる状況が常態化しているという特徴を示す。続けて「学校における働き方改革」として，教員の勤務時間の短縮・適正化が重要な政策課題となっていることを示すとともに，日本の教員の仕事の特徴に対して政策が一定の効果を挙げるには，工夫が必要であることを説明する。
《キーワード》　教員勤務実態調査，国際教員指導環境調査（TALIS），働き方改革，残業時間の上限規制，外部人材の活用

　教員の職務がどのようなものかを捉えるには，ルールに注目してどのような職務を「やるべきこと」と規定しているのかを検討する方法と，実態に着目してどのような職務を実際にやっているのかを検討する方法がある。前者の方法では，直接的に教員の職務を規定するもの（ジョブディスクリプション（job description）や標準職務表）や，その根拠となる諸規定を通じて職務を把握することになるが，実際にそれがどう運用されているか（どの業務が中心的で，どの業務が周辺的なのか，規定に反して取り組まれていない業務はないか，など）を把握することは難

しい。一方で後者の方法では，実際にどのような業務が中心的で，どういった業務が周辺的なのかが分かるものの，それが適切か・正当か（中心的に取り組むべき業務に労力が割かれているかどうか，など）が判明するわけではない。

　本章では，これまでの調査研究をもとに，後者の方法を取りながら，教員が実際にどのような仕事に従事しているのかを整理する。ただし，先に挙げたとおり，教員が長い時間を充てている業務が，本当に中心的に取り組むべき業務かどうかは定かでない。後述する「学校における働き方改革」では，まさにこの点が問題となっており，例えば中学校における部活動指導については，「やるべきこと」としての規定が弱い（教育課程上の位置づけがない）一方で，実際には中学校教員の勤務時間の一定部分を占めており，改善を図るうえで難しい課題を提示しているのである。

1.　国内調査から見る教員の職務の状況

　文部科学省では，2006（平成18）年と2016（平成28）年に教員勤務実態調査を実施し，全国の小・中学校の教員が，どのような時間帯にどのような仕事を行っているのかを調査した。まずは，このうち2016年のデータ（株式会社リベルタス・コンサルティング，2018）から，教員の職務の状況を把握してみよう。

　平日1日当たりの，学校内での（いわゆる持ち帰り仕事の時間は含まない）平均勤務時間は，小学校教諭が11時間15分，中学校教諭が11時間32分であった。いずれも2006年調査より長くなっており，教員の多忙は深刻化していた。土日の学校内での平均勤務時間は，小学校教諭が1時間7分，中学校教諭が3時間22分であり，こちらも2006年度より長くなっていた。特に中学校教諭については，この傾向が顕著であった。

　平日の業務を細かく見ると，授業（主担当・補助あわせて小学校4時間25分，中学校3時間26分），授業準備（小学校1時間17分，中学校1時間26分），成績処理（小学校33分，中学校38分）のほか，生徒指導（集団・個別あわせて小学校1時間5分，中学校1時間20分），学校行事の準備等（小学校26分，中学校27分），学年・学級経営（小学校23分，中学校27分）などに時間を割いているほか，中学校では部活動・クラブ活動に平均41分を費やすなどして，1日を過ごしている。なお土日については，小学校では授業準備，学校行事（の準備）などが行われているが，それぞれ短い時間となっている。一方で，中学校では部活動・クラブ活動に平均2時間9分を費やしており，土日にも多くの時間を部活動・クラブ活動の指導に割いている状況にあった。

　こうした傾向について，平日の勤務の状況を時間帯別に示したものが図6-1（p.90）及び図6-2（p.91）である。小学校では学級担任制が主流であることを反映して，児童が校内にいる時間帯（15時30分頃まで）については，授業や個別の学習指導や打ち合わせに多くの教員が従事している。授業準備や成績処理のほか，事務や学校経営等の校務，外部対応等は，授業が終わってからの時間帯（15時30分頃以降）に集中している様子を読み取ることができる。

　一方で中学校については教科担任制が主流であることを反映して，生徒が校内にいる時間帯であっても授業の従事者の比率は一定程度（60%程度）となっており，他の教員はいわゆる「空きコマ」になっていることが読み取れる。この時間には授業準備や成績処理，生徒指導等が行われている。そして授業終了後（15時30分頃以降）については，部活動・クラブ活動に従事する教員が増えることも特徴的である。授業準備や成績処理もこの時間に行われている。

　また小学校・中学校とも，朝は7時30分から8時の間には，何らかの

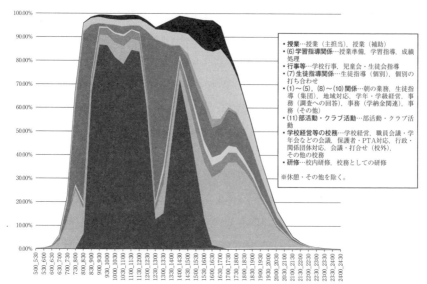

図6-1　小学校教諭の勤務実態

出典：文部科学省ホームページ内「学校における働き方改革特別部会（第5回）
配付資料［確定値に更新版］業務時間別の勤務時間

業務を学校内で行っている者が半数を越えている（＝8時前には半数以
上の教員が出勤している）一方で，19時を過ぎてもまだ半数程度の教員
は学校での仕事を続けていることが読み取れる。いずれの学校において
も，長時間勤務が常態化していると言えるだろう。

　これらを集計して1週間当たりの学校内での勤務時間の分布を整理し
たものが図6-3（p.92）であり，小学校では1週間当たり「55〜60時
間未満」，中学校では「60〜65時間」が最も多い。各都道府県・政令指
定都市の定める1日当たりの勤務時間が7時間45分（1週間当たり38時
間45分），労働基準法の定める1日当たりの労働時間が8時間（1週間
当たり40時間）ということを考えると，多くの小学校教諭が毎週15〜20

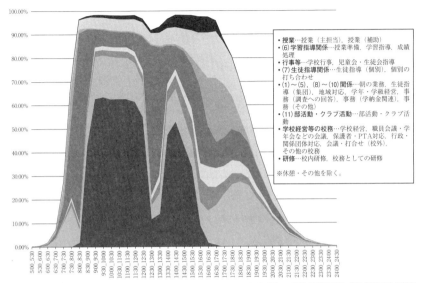

図6-2　中学校教諭の勤務実態

出典：図6-1と同じ

　時間程度，中学校教諭が毎週20〜25時間程度，規定時間を越えて働いて
いることが分かる。

　こうした長時間勤務は健康上のリスクを伴うことが知られている。長
時間にわたる過重な労働は，疲労の蓄積をもたらし，脳・心臓疾患との
関連性が強いと言われている。労働者に発症した脳・心臓疾患を労災と
して認定する際の基準である「脳血管疾患及び虚血性心疾患等（負傷に
起因するものを除く）の認定基準」においても，「おおむね（1カ月当
たり）45時間を越えて時間外労働時間が長くなるほど，業務と発症との
関連性が徐々に強まると評価できる」「発症前1カ月間におおむね100時
間または発症前2カ月間ないし6カ月間にわたって，1カ月当たりおお

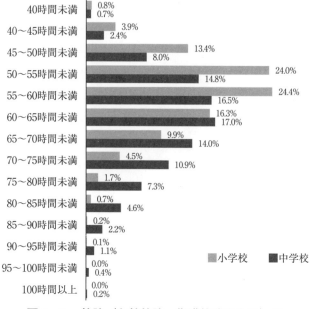

**図6-3 教諭（主幹教諭・指導教諭を含む）の
1週間当たりの学内総勤務時間**
出典：文部科学省ホームページ内「勤務実態調査（平成28年
度）集計［確定値］」

むね80時間を越える時間外労働が認められる場合は，業務と発症との関連性が強いと評価できる」とされている。

　こうした長時間労働による健康リスクの問題は，後述する「学校における働き方改革」を考えるうえでも重要な要素となっているのである。

2. 国際比較から見る日本の教員職務の特徴

　では，こうした仕事時間の配分は，国際的に見るとどのような特徴を持っているのだろうか。OECD（経済協力開発機構）が行っている教育

に関する国際調査の1つにTALIS（Teaching and Learning International Survey：国際教員指導環境調査）があり，学校の学習環境と教員の勤務環境についての国際比較を行っている。日本も2013年の調査と2018年の調査に参加しているので，2018年調査のデータを整理した表6-1を見ながら，日本の教員の働き方の特徴を検討してみよう。

　まず，全体的な勤務時間は国際的に見ても長い。中学校について見る

表6-1　教員の仕事時間

		【仕事時間の合計】	指導（授業）(a)	学校内外で個人で行う授業の計画や準備(a)	学校内での同僚との共同作業や話し合い(a)	児童生徒の課題の採点や添削	児童生徒に対する教育相談（例：児童の監督指導，インターネットによるカウンセリング，進路指導，非行防止指導）
中学校	日本	56.0時間	18.0時間	8.5時間	3.6時間	4.4時間	2.3時間
	日本（前回調査）	(53.9時間)	(17.7時間)	(8.7時間)	(3.9時間)	(4.6時間)	(2.7時間)
	参加48か国平均	38.3時間	20.3時間	6.8時間	2.8時間	4.5時間	2.4時間
小学校	日本	54.4時間	23.0時間	8.6時間	4.1時間	4.9時間	1.3時間

		学校運営業務への参画	一般的な事務業務（教員として行う連絡事務，書類作成その他の事務業務を含む）(a)	職能開発活動	保護者との連絡や連携	課外活動の指導（例：放課後のスポーツ活動や文化活動）	その他の業務
中学校	日本	2.9時間	5.6時間	0.6時間	1.2時間	7.5時間	2.8時間
	日本（前回調査）	(3.0時間)	(5.5時間)	－	(1.3時間)	(7.7時間)	(2.9時間)
	参加48か国平均	1.6時間	2.7時間	2.0時間	1.6時間	1.9時間	2.1時間
小学校	日本	3.2時間	5.2時間	0.7時間	1.2時間	0.6時間	2.0時間

出典：文部科学省ホームページ内「OECD国際教員指導環境調査（TALIS）2018報告書—学び続ける教員と校長—のポイント」
※「前回調査」とは2013年実施のTALISのこと。

と，1週間当たりの勤務時間は調査参加国の平均が38.3時間であるのに対して日本は56.0時間であり，調査実施国のなかで最も長い。小学校についても同様に1週間当たりの勤務時間は調査参加国のなかで最も長く，54.4時間となっていた。一方でその内容を見ると，日本の中学校教員が授業に従事するのは18.0時間で，国際平均よりも短い（小学校においては23.0時間で，調査参加国のなかではやや長い）。授業準備にかける時間（中学校8.5時間／週，小学校8.6時間／週）は，国際的に見てもやや長いが，授業に関連する業務をたくさん担当することで勤務時間が長時間化している，というわけではないことが分かる。

　むしろ日本の教員の働き方の特徴としては，授業以外にも学校内の様々な業務に関与し，その結果として全体の業務時間が長くなっている，という点が指摘できる。例えば，学校運営業務への参画（中学校2.9時間／週，小学校3.2時間／週）や，一般的な事務業務（中学校5.6時間／週，中学校5.2時間／週）の時間は他国の教員よりも比較的長く，日本の学校における教員の業務が「教えること」以外にも及んでいることを示している。そして学校内での同僚との共同作業や話し合いにかける時間（中学校3.6時間／週，小学校4.1時間／週）が長いことからは，校務分掌（第8章参照）を含む幅広い業務を，同僚と協働・調整しながら進めているという特徴が読み取れる。これに加えて，中学校では課外活動の指導の時間（7.5時間／週）が他国に比べて極端に長い。課外活動（主に部活動）の指導は学校における一般的な（世界共通の）業務とは言えない一方で，日本の中学校ではそれが「普通の」業務として定着していることを示している。

　このように，日本では校内の多様な業務に教員が従事しているという特徴が指摘できるが，その一方で，職能開発活動にかける時間（中学校0.6時間／週，小学校0.7時間／週）については国際的に見ても短い部類

に入る。日々の多様な業務に従事し，勤務時間が長くなっている一方で，中期的・長期的な力量向上を図る時間が十分には確保されていないとも言える。人事評価制度（第3章）や教員研修（第2章）を活用して資質能力を継続的に高めることが意識される一方で，そのための時間の確保が十分でないことが分かる。このことは，児童生徒の変化や社会の変化に対応しつつ，職業人としての成熟が果たせるよう，いわゆる「学び続ける教員」を志向している昨今の状況にあっては，不安が残るデータとなっている。

　TALISでは，各国の教員がどのように雇用されているかも調査・比較しているが，日本の公立学校教員は，他の職業を経験してから教職に入る者は少なく，比較的早い時期から教職に就いていることが示されている（図6-4）。長期的・安定的に働くという日本型雇用慣行が色濃く反映されており，この点は中期的・長期的に資質能力を高めるうえで好条件となっている。このことは，教員の働き方が短期的で不安定な社会を想定したとき，教員を「雇う側」が研修などの資質能力向上機会を準

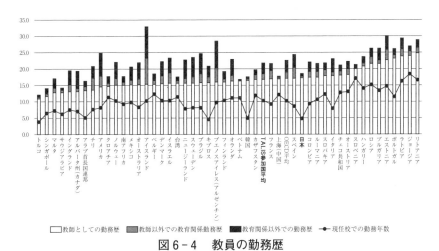

図6-4　教員の勤務歴

出典：TALIS2018 Table1.3.9（Teachers' work experience）より筆者作成

備したとしても，教員が長く現場に定着せず，教職を離れて他職を選択する可能性が高くなるなかでは，研修等の効果が学校に還元されにくくなると考えると分かりやすい。継続的な資質向上を図りやすい雇用環境にありながら，職能開発活動にかける時間が少ないという現状は，教育環境の向上という意味においても，少し「もったいない」ものになっていると言えるだろう。

このような日本の教員の働き方の特徴がなぜ定着しているのかについては，いくつかの説明が可能である。1つは日本型雇用慣行とされる「メンバーシップ型雇用」が教員にも及んでいるという説明である。多くの先進産業社会では，企業のなかの労働をその種類ごとに職務（ジョブ）として切り出し，その各職務に対応する形で労働者を採用し，その定められた職務に従事させるのに対して，日本型の雇用システムでは，企業のなかの労働を（職務ごとに切り出さずに）一括して雇用契約の目的とし，労働者は企業の様々な種類の労働に従事する義務があり，使用者はそれを要求する権利を持つと特徴づけられる（濱口，2011）。雇用契約のなかに具体的な職務が定められず，命令によってその都度職務が規定される，という地位設定契約やメンバーシップ契約のような傾向は，企業のみならず公務員においても見られるものであり，学校における教員の勤務にも同様の性質が指摘できる。

学校の業務のうち，授業については相当免許状主義（第1章参照）によって担当可能な教科・学校種が厳密に規定されており，この点では職務の明確性が高いと言えるが，それ以外の業務については規定が曖昧で，幅広い。給食費や教材費などに関連するような会計業務を教員が行う学校は多いが（特に小・中学校），そうでない学校との間で異なる雇用契約が行われているわけではない。また，学校教育法では学校の業務に必要な仕事を「校務」として一括りにして扱い，校長や副校長（校務をつ

かさどる），教頭（校務を整理する），主幹教諭（校務の一部を整理する）のほか，校内組織（校務分掌）によって分担しているが，これらも雇用契約によって規定されることはなく，学校事情に応じて担当業務は柔軟に変動する。また部活動の顧問や指導についても，指導資格や訓練経験・競技経験と対応が図られるわけではなく，柔軟な運用が図られる。学校組織においても，日本型の「メンバーシップ型雇用」の影響を見出すことができるのである。

　もう１つは，子供の全人格に関わるという学校像と教職像が，こうした働き方を導いているという説明である。日本の学校教育では，早い時期から知育・徳育・体育を一体的に進めるカリキュラムが構成され，それが当然のものとされてきた。近年では，学校が学習指導のみならず生徒指導等の面でも主要な役割を担い，授業に限らず様々な場面を通じて，教員が子供たちの状況を総合的に把握して指導を行い，子供たちの知・徳・体を一体で育む学校教育のスタイルを「日本型学校教育」と呼び，全ての子供たちに一定水準の教育を保障し，全人教育を行えるという面などに積極的な価値を見出している（中央教育審議会，2021）。

　TALIS では各国の教員が学級の規律と学習の雰囲気をどう評価しているのかも調査しているが，日本の教員の多くはこれらを高く評価し，良好な指導環境にあると認識している。厳密には因果関係の検証が必要であるが，「日本型学校教育」が特徴とするような一体的・全人的な指導スタイルがこうした教室環境に影響しているとも言えそうである。

3. 学校における働き方改革

　日本の教員は学校において多様な業務に従事し，全体的な勤務時間が長いということを示したが，これが定量的に把握されるようになったのは最近のことである。従来より教員が多忙であることはたびたび指摘さ

れていたが，教員の勤務時間を明確に測定することは難しい，という前提のもと，「給特法」（公立の義務教育諸学校等の教育職員の給与等に関する特別措置法）により，教員には超過勤務分に相当する「教職調整額」が一律に支給されてきた（給与月額の4％相当）。この制度の副産物として，長らく，教員の勤務状況は定量的に把握されてこず，またその必要性も強くは認識されてこなかった。

　こうしたなかで，文部科学省は2006年と2016年に「勤務実態調査」を実施し，2013年と2018年にはTALISの調査にも参加した。これらの大規模調査によって教員の勤務時間が（国際的に見ても）長時間であり，それがさらに長時間化している（改善の兆しがない）ことが改めて判明し，改善に向けた議論が進められることになった。

　「学校における働き方改革」の政策は，このような状況を受けて進展した。2017（平成29）年に文部科学大臣は中央教育審議会に「新しい時代の教育に向けた持続可能な学校指導・運営体制の構築のための学校における働き方改革に関する総合的な方策について」を諮問し，2019（平成31）年1月に答申が提出された。これを受けて同年（令和元年）12月には給特法が一部改正され，時間外在校等時間（規定の勤務時間を越えて，教育職員が学校内で学校教育活動に関する業務を行っている時間）の上限（単独の1カ月について45時間以内，1年間について360時間）が規定されたほか，1年単位の変形労働時間制を自治体が選択的に導入することで，休日の「まとめ取り」ができるよう規定された[1]。

　この検討を通じて，学校や教員の仕事の範囲を見直す動きも見られるようになった。上記答申は，学校が担うべき業務を明確化・適正化する観点から，授業以外に学校で行われている業務について代表的な14項目を例示し，それらを「基本的には学校以外が担うべき業務（登下校に関する対応，放課後から夜間などにおける見回り，児童生徒が補導された

1）児童生徒等に係る臨時的な特別の事情により業務を行わざるを得ない場合については，1カ月の時間外在校等時間を100時間未満，1年間の時間外在校等時間を720時間以内とする例外規定も定められた。

時の対応，学校徴収金の徴収・管理，地域ボランティアとの連絡調整）」
「学校の業務だが，必ずしも教師が担う必要のない業務（調査・統計等
への回答等，児童生徒の休み時間における対応，校内清掃，部活動）」
「教師の業務だが，負担軽減が可能な業務（給食時の対応，授業準備，
学習評価や成績処理，学校行事の準備・運営，進路指導，支援が必要な
児童生徒・家庭への対応）」に分類した。これらに関する教員以外の担
い手としては，地方公共団体や教育委員会といった組織・機関や保護者
のほか，様々な外部人材が想定されている。地域学校協働活動推進員や
地域ボランティア，部活動指導員のほか，授業準備・学習評価・成績処
理においてはサポートスタッフの参画が，学校行事については外部委託
が，進路指導については外部人材との連携・協力が，支援が必要な児童
生徒・家庭への対応においては専門スタッフとの連携・協力が例示され
ている。「チームとしての学校」（第 9 章参照）のように学校の機能を高
度化し，子供への対応力を高めるという方向性に加え，学校の役割の明
確化を通じた勤務の適性化という面からも，外部人材との連携・協力が
必要とされているのである[2]。

　ただし，教員の働き方の特性を前提とするなかでは，これらの施策が
効果を生むか（多忙解消につながるか）も確実とは言えない。まず，教
員の仕事は不確実性（特定の方法や技術によって教育活動を行っても，
対象や環境によって効果・成果に違いがあること）を前提に，個々の専
門的自律性による判断が尊重される。すなわち，どの教え方，どういっ
た指導方法が最適かという判断が上司や組織などによって規定されるこ
とは少なく，個々の教員に判断が委ねられることが多い（また，そうあ

---

2 ）またこの答申では，学校・教師が担うべき業務の範囲について，学校現場や地
域，保護者等の間における共有のため，学校管理規則のモデル（学校や教師・事務
職員等の標準職務の明確化）を周知することを求めた。これを受けて2020（令和
2 ）年に文部科学省は小学校・中学校に係る学校管理規則の参考例と，教諭等の標
準的な職務の例及びその遂行に関する要綱の参考例を示した。今後は，本章冒頭に
示した「直接的に教員の職務を規定するもの（ジョブディスクリプション（(job
description)）や標準職務表）」の規定が今後進むことも考えられよう。

るべきという規範も強い）。そのため，各種業務を個々の裁量で進める
余地は大きく，勤務の負荷や時間についても個人差が発生しやすい。

　あわせて教員の仕事については無限定性（職務が際限なく拡大し，ど
こまで追求しても完遂できないこと）も指摘されている。先に挙げたメ
ンバーシップ型雇用のもとで，責任の範囲をあらかじめ限定・局限しな
い働き方が「献身的教師像」や「子供への責任の無限定性」という教員
文化として受け止められている（雪丸・石井，2020）。つまり，教員に
よる自発的な選択として，無限定的な働き方が好まれている側面が指摘
できるのであり，こうした志向性をどう見直すかが求められているとも
言えるのである。

　また学校における教員と他の専門職（スクールソーシャルワーカーや
スクールカウンセラー）の協働については，教員が分業の主導権（ゲー
トキーピング）を握っているか否かがその成否を分ける，ということも
指摘されている（保田，2014）。これは「学校における働き方改革」を
目指して外部人材との分業や協働を追求するなかでも，これまで様々な
職務に従事して組織を横断的に把握している（常勤の）教職員が，（主
に非常勤の）外部人材に対する調整役に回ることでしか分業・協働が機
能しないという構造を備えていることを意味している。つまり外部人材
との連携において，教員には調整コストの負担が求められることを意味
しており，従来通りの仕事のやり方や人員配置を前提としていては効果
が約束されない。個々の自律性に基礎を置く献身的・無限定的な教職観
に踏み込んで，教員の業務の「守備範囲」をよりはっきりさせることや，
外部人材との調整機能を維持向上させる観点から，ミドルリーダーとな
るような教職員を増員して学校マネジメントの機能強化を図ることなど
の対応が必要と考えられるのである。

学習課題

（1）　いくつかの都道府県・市町村の教育委員会ホームページを調べて「学校における働き方改革」として，どのような政策を実施しているかを比較してみよう。

（2）　文部科学省のホームページにまとめられている，教員勤務実態調査（平成28年度）の分析を読んで，どのような教員の勤務時間が長くなっているのか，整理してみよう。

参考文献

株式会社リベルタス・コンサルティング「『公立小学校・中学校等教員勤務実態調査研究』調査研究報告書（平成29年度文部科学省委託研究）」（2018年）

国立教育政策研究所〔編〕『教員環境の国際比較　OECD 国際教員指導環境調査（TALIS）2018報告書　学び続ける教員と校長』（ぎょうせい，2019年）

中央教育審議会「新しい時代の教育に向けた持続可能な学校指導・運営体制の構築のための学校における働き方改革に関する総合的な方策について（答申）（第213号）」（2019年）

中央教育審議会「『令和の日本型学校教育』の構築を目指して〜全ての子供たちの可能性を引き出す，個別最適な学びと，協働的な学びの実現〜（答申）（第228号）」（2021年）

濱口桂一郎『日本の雇用と労働法（日経文庫）』（日本経済新聞出版社，2011年）

保田直美「新しい専門職の配置と教室役割」『教育学研究』第81巻 1 号，pp. 1 〜13

雪丸武彦・石井拓児〔編〕『教職員の多忙化と教育行政　問題の構造と働き方改革に向けた展望』（2020年）

第2部　教員の職務—どのような仕事を 遂行しているのか？（4）

7 │ 変化し続ける人生と職務を "個人と職業" の両面から考える

│ 高木　亮

《**目標＆ポイント**》　業務や職務，職業，仕事，キャリアといった言葉の違い を把握しつつ現在の教職をめぐる課題を理解する。加えて自らのキャリアを 展望する上で，ストレスや職能成長の課題を理解しつつ，教職（教員という 職業・職種）についた自身の人生設計を考える。
《**キーワード**》　学校の働き方改革，職業ストレス過程，職能成長とキャリア 発達

1. 働き方改革が投げかける教員の職務課題

（1）　生産性の向上が仕事の内容と職をよりよくする

　人は一生のなかで賃金（wage）を得る労働（wage work, wage labor） 以外にも様々な苦労（work, labor）を担う。本書は教員という専門職 （profession）であり，職業・職種（occupation, vocation）を考える上 で，教職の求める個々の業務（duty, operation）及びそれらの集合とし ての職務（job）を考えることを目的としている。本章では未来の教職 をよりよくするための視点として生産性や働き方改革を概観する。その 上で教員の職能（job ability, competence）と職業を中心とした人生展 望としてのキャリア（career）を対比しつつ考えたい。

　ところで，働き方改革とは，生産性の向上と労働者の過重労働の2つを合わせて改善することを目指す現代日本の政策課題である（働き方改革実現会議，2017）。生産性とは労働者の労働時間や投資額など資源投入量（コスト）が少なくなっても同量以上の生産を目指す概念である。2008年以降の日本は人口減少社会となり，労働力の長期的減少に対応することは重要な課題である。さらに，生産性とは人間の幸福感の充実や社会の発展，未来の経済成長の前提になる重要概念である（森川，2018）。汎用人工知能やビックデータという新しい技術がもたらす社会変革（Society 5.0）や2020年からの新型コロナにより社会が大きく変わるなかでこの課題は加速しつつある。たしかに，教育という営みは，その結果や成果を明確に測定しにくく，「お金や労働時間がかかるから教育の取り組み（例えば部活動など）を止めます」と割り切るような生産性に基づく判断ができない営みである。本章では，これからの時代に学校や教員が担う取り組みの維持や発展の視点に立って，「教育の成果や取り組みとコストの関係性」や「コストをかけてでも果たすべき教職の意義」といった完全な答えの出ない問いを考えてみることとしよう。

　生産性には現在3つの概念がある。1つ目はコストとしての金銭を分母として成果を考える利益率（費用対効果や経済効率）である。2つ目はコストとして労働時間の合計を分母として成果を考える労働生産性である。3つ目はこれらを合わせた全要素生産性（以下，「TFP（Total Factory Productivity）」）という概念である（図7-1）。

　利益率と労働生産性は一方を向上させればもう一方が低下するという二律背反の関係（ジレンマ）である。これに対して，TFPは同じ生産を成し遂げる上で必要となるコストとして金銭（図7-1縦軸）と労働時間（図7-1横軸）を合わせたジレンマの曲線（等産出量曲線）で考え，技術革新を展望する理論モデルである。図7-1の黒い曲線で示し

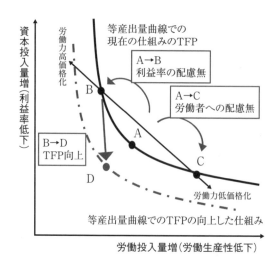

図7-1　生産性におけるお金と労働時間負担
出典：森川正之著『生産性』を基に筆者が一部追記

たように現在の取り組みを維持するなかで予算が貧弱（利益率向上）に
なれば，その分だけ労働者の働く時間増（労働生産性低下）で現状維持
を図る（図7-1のA→C）。逆に，1人ひとりの働く時間を減らす労
働生産性向上には金銭（資本）投入量増（利益率の低下）が必要（図7
-1のA→B）となる。一般的にジレンマを起こす2要因には多くの場
合が一方を優先して他方が犠牲となるトレードオフの取り組みになりや
すい。TFPはいずれもあきらめずにバランスを取り続けること（図7-
1のAの追求）や，技術革新で新しい等産出量曲線の開発（図7-1の
点の曲線）を図る発想なのである。
　教育についてこれらを考えてみよう。以前は「子供の教育効果のため
に予算を増やす（利益率低下）」（図7-1，B）か「子供の教育効果の
ために労働時間を増やす（労働生産性低下）」（図7-1，C）のトレー
ドオフの水かけ論になりやすかった。働き方改革を考える上で注目され

る TFP の理論モデルは，まず相応の予算投入によって過剰となっていた労働時間を限り（図7-1のA→B），教職員（労働者）の研修等での技能向上や学校の環境改善のための試行錯誤の後に，新しい学校教育の形・教員の働き方を切り開く（図7-1のB→D）ことになる。教員の働き方改革は労働者として働く時間の一定の抑制と，聖職として子供の教育効果を大切にし続ける結果責任への配慮，専門職として技術革新を目指し続ける TFP（利益率と労働生産性のバランスを計る関係性）（図7-1の点線）を探し求めることとなる。

（2）　労働生産性が教職論に投げかける課題

　教職論における労働生産性の問題が，教員の多忙問題である。過剰な多忙が教職志望者の減少や現職教員の退職発生率の増加，専門性の発展余地の低下，そして学校教育の意義の曖昧化などをもたらしている。

　まず，考えたい点は日本の教員の過重労働の問題が身体や心理，社会性からなる健康[1]状態を劣化させ，教員という職業への志望人気の低下で，教員という職域全体の質の低下が懸念されることである。このような状況を説明する上で「ブラック企業」の議論を考えたい。近年，社会問題となっているブラック企業は倫理観や心理学的知見を援用して働く人を過重労働に追い込むような職場環境の悪質な「やりがい搾取」（本田，2011）を特徴としている。ただ，「自己実現系ワーカーホリック」（阿部，2006）という自ら過重労働にのめり込む心理も存在する。働き甲斐（幸福や自己実現）と健康はいずれも人生には重要であるが，双方の間にはジレンマを生む関係性を持つので「働き甲斐か健康かを選ぶ」ようなトレードオフではなく，相互の妥協（バランス）を配慮し続けることが重要である。なお，これらブラック企業問題が2015年頃からの景

1）ここでの健康はウエルネスという1950年代以降の健康に関する概念を想定している。ウエルネスとは1947年の WHO 憲章による well-being の安定した状態を意味し，領域として身体的領域と心理的領域，社会的領域の3領域を想定している。近年 well-being は第14章でも触れるように，幸福を測定する概念としても活用されている。

気向上と失業率低下により社会に広く認知されていくなかで「教職＝ブラックな職種」[2)]という認知も現在普及し始めている。結果として教職が就職市場のなかで相対的に不人気な職となりつつある。

　さて，多忙の具体的基準を考えてみよう。労働時間について1日8時間，週5日を標準勤務時間と定義して，それを超えるのが超過勤務時間である。教職においても『公立学校の教師の勤務時間上限に関するガイドライン』（平成31年1月25日）が公示され，月当たり超過勤務時間80時間という労働災害における過労死の認定基準や45時間という超過勤務時間上限の指標に留意する必要が示されている。ワークライフバランスという言葉があるように，労働時間と私生活時間は互いにジレンマを起こす。また，超過勤務時間は主に睡眠時間を削ることで健康悪化要因となる点も注意しておきたい。

　なお，一般的に給与の上昇は就職志望者の増加や退職行動の抑制効果は生むものの，過重労働による心理・身体・社会性の健康への影響の改善や中長期を見通した職業への積極的貢献，技術革新などへの効果は薄い。働き方改革においては，健康と職の技能向上は超過勤務抑制で，志望者数増加による就職人気確保や退職意識の抑制は給与向上で，などといったように別々の改善策を考える必要がある。

　教職において日常的多忙と職能成長もジレンマを起こす。過去と変わらない職務・技能の業務に労働時間のほとんどが投入されることは，新しい職業的価値の創出や技術革新の意欲や研修の動機づけを阻害するのである。この30年間で日本の国の教育予算は日本の経済成長の割には伸

---

2)「ブラック企業」や「やりがい搾取」，「自己実現系ワーカーホリック」といった2010年代半ばからの議論とともに，教職が「ブラック」と論じられている経緯のレビューは高木・高田（2016）を参照されたい。なお，一部マスコミにより「ブラックがアフリカ系人種差別の助長」と指摘されたことがあるが，これは「労働基準法上はグレーとも言えない黒」という意味から生じており，そのような意図はない。当該マスコミ自体がサラリーマンを家畜に喩える「社畜」と呼ぶような表現の普及を1980年代に意図しており，このような姿勢こそ批判的議論を向けられるべきであろう。

び悩み，「教育の無償化」といった予算を除けば，学校をめぐる予算は減少し続けている。教育の質を予算減の状況でも維持する課題（利益率向上）のために，教員の過重な労働時間（労働生産性の低下）が発生した。つまり，図7‐1のCの位置のように教育予算の伸び悩みのなかでの教育の質や取り組みの維持（利益率の上昇）は，教員の日常的多忙と専門性を低下させてしまうというトレードオフをもたらしたと言える。この30年間の公立小・中学校は教員の労働時間に生活指導・生徒指導の負担増が起こり（神林，2017），この成果は少年犯罪の低下などに貢献している。生活指導や生徒指導における取り組みは今後も低下させてはならない。しかし，10年に1度の『学習指導要領』や『幼稚園教育要領』の改訂をより効果的に展開し，Society 5.0時代を見据えたGIGAスクール構想や新型コロナに基づく新しい教員の専門性に適応し続ける必要もある。教育予算の増強（利益率の低下）を考えなければ，TFPのバランス化（図7‐1のA）も新しいTFPの局面開発（図7‐1の点の曲線）も困難と言える。これらへの対策は文部科学省の財務省への折衝次第であり，教員政策や教員行財政に関する論考に議論を譲りたい。

　一般的に質の高い職業や雇用を判断する指標となるのが研修である。そのなかで特に重視されるのがOff-JT（off-the job training）の充実である。最近の教職ではOff-JTが「校外の研修」や「不人気な業務」とみなされるような傾向が生じている（高木・波多江，2016）。以前から教員のやりがいや動機づけを感じにくい多忙の原因の1つとして研修（研究と修養）が指摘されてきたが（例えば松浦，1999），新しい知識や技能の修養とともに，個性を研き究めるような先端の研究を積み上げない状態，つまり研修（研究と修養）に消極的な状態[3]は，職能成長面でもキャリア発達面でも学校教育の改善の面でも問題である。教職の労

3）従来通りの定型的な仕事に埋没し，新しい技術や後世に残るような努力を怖がるような働き方をローマ時代の哲学者セネカは「怠惰な多忙」と呼んでいる（セネカ著・大西訳，2010）。哲学者としてのセネカが政治家として忙殺されている際の自嘲的な表現とも言われるが，働くことや職業生活において量だけでなく質も常に考える必要があることを示唆する言葉であると言えよう。

働生産性と利益率のジレンマの関係に難しいながらもバランスをとりつつ「次世代の教職とは何か？」を考え続ける過程が重要である。

　今までは教育の成果を一定と想定したうえでの議論を行った。一方で，新しい時代での教育の成果や利益を増大する生産性向上の議論も別途，有益であろう。教育経営上の環境整備や，ICT（Information Communication Technology）を活用した教育方法の革新も別途考えてほしい。

2.　教職におけるストレッサーからストレス反応への過程

（1）　労働時間とは異なる健康規定概念としてのストレス過程

　前節で教育予算や教員の労働時間といった数量化可能な課題を考えた。これと類似しつつも異なった影響力を持つ不健康の背景となる要因がストレッサー（不快刺激）である。ストレッサーが結果として不健康・不健全であるストレス反応をもたらすストレス過程のメカニズムを考えてみよう（図7-2）。

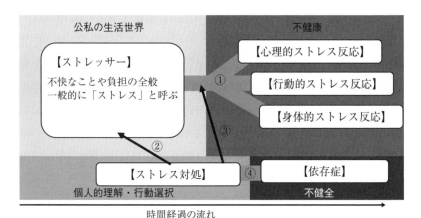

図7-2　ストレス過程のメカニズム
出典：筆者作成

　ストレッサーとは動物が認知する不快刺激全般を指す。人間も含め動物は不快を認知した際に「戦うor逃げる」の選択肢がいつでもとれるように心身が自動的に緊張する生理的な仕組みを持つ。しかし，社会性の高い動物である人間は逃げることも戦うことも許されず，中長期的にストレッサーによる緊張を蓄積し，病理的状態（不健康）となる。この緊張の蓄積過程がストレスである（図7-2の①）。

　ストレス蓄積による不健康を，ストレス反応という。まず，心理的ストレス反応が生じる。軽いものはイライラや抑うつなどの生理的反応から始まり，神経症やうつ病といった病理的状態につながる。後述する精神疾患による教職員による病休（病気休暇と病気休職）は，この30年間，問題の深刻化が続いている。これに少し遅れて行動的ストレス反応が生じる。これにはミスの増加による過失・事故や理性の低下による思わぬ暴言・暴力などが含まれる。もっとも遅れて身体的ストレス反応が生じる。睡眠障害や循環器，消化器，アレルギーなどの様々な身体の病気（心身症）となる。

　一方，人間はストレッサーを解釈し，立ち向かうことでストレスを抑えることもできる生き物である（図7-2の②）。また，蓄積しつつあるストレスを将来に向けた建設的な努力のエネルギーに転換したり，気晴らしやストレス発散行動をとることでストレスの圧力を緩めることもできる（図7-2の③）。このようなストレッサーの価値づけや発散，有効利用を合わせてストレス対処（コーピング）と呼ぶ。しかし，ストレス対処のなかで本人の価値観や行動を支配するような影響力(依存性)を持つ考え方や行動は嗜癖(アディクション)となり，これが病理的状況となれば依存症として治療が必要な状況となる（図7-2の④）。前述の自己実現系ワーカーホリックのような痛々しいまでの「やりがい」や「自己実現」，「実績」への渇望も，嗜癖や依存の文脈で捉えることも可能である。

　教員だけでなく人間全般についての課題として，ストレッサーやストレス反応，ストレス対処などはいずれもが「良い」や「悪い」で表現できるものではなく，生きていく上での生理的な機能であり特性として捉え，バランスのよい自己管理（ストレスマネジメント）が重要である。

（2）　ストレス過程理論の教職論に与える示唆

　ストレス過程理論は，教育心理学や教育相談，生徒指導にも関わる重要な心理学理論であるが，ここでは教職論における留意点を整理しておこう。

　身体的不健康は身体的ストレス反応でもあり，治療を要するレベルになれば心身症と定義される。例えば，東日本大震災による教員の健康問題への影響に関しては詳細な検討がなされているし，平成29年度以降は労働安全衛生法改正に基づきストレスチェックが職場での実施義務となり，今後は教員におけるストレスと心身症の関係も以前より詳細に報告されるであろう。労働時間といった客観的で量的な負荷とともに，教員個々人がどんな職業や職務，業務上の要素をストレッサーとして感じるか，という主観的で質的負荷を合わせて考え続ける必要がある。

　心理的ストレス反応は深刻化すれば精神疾患となる。文部科学省統計の『公立学校教職員の人事行政の状況調査』における分限処分の状況で毎年公示される精神疾患を理由とした教員の病気休職は，多くが心理的ストレス反応の結果と言える。病気休職は，おおむね代替の教員配置の必要性が生じる1カ月以上の病気休暇継続から発令がなされる人事上の命令である。最大3カ月（一部例外で6カ月）の病気休暇の実態は，正確な統計や分析が未だ充分ではない。教員の権利としての病気休暇と分限処分としての病気休職が増加する背景には，子供・保護者との職務上の関係性や業務上のトラブルなどが大きな破壊力を持っていることが指

摘されている。保護者のうち，俗に「モンスターペアレント」と呼ばれる不条理な教員のストレッサーは公的な人的資源の消耗であり，代替要員確保などで公費支出を過剰に増加させている点で社会問題としても認識されている。

　また，懲戒処分になるような様々な教員の行動上の問題の背景に，ストレスの問題が促進要因として影響力を持つ。これには行動的ストレス反応によるものと依存症的な感覚によるものを分けておさえることができる。例えば，突発的な暴言や暴行・傷害などの犯罪的行動や過失・ミスによる事故は，行動的ストレス反応の結果と位置づけができる。他方でアルコール依存や薬物の乱用，ギャンブル・異性などへの過剰なのめりこみは依存性のあるストレス対処に溺れた結果と言える。これらの依存は結果的に金銭的な問題にもつながり，社会生活を不安定にさせるとともに，本人や学校の信頼を破壊することにもなりかねない。また，近年ではいじめやハラスメントと呼ばれる他者に対する嫌がらせは，攻撃性の発揮による快楽への依存として説明がなされることも多い。例えば，教師が叱るという教育行為は子供の未来にとって「有意義である」という文脈と，「その時点で本人にとって適度な内容・程度の不快感（ストレッサー）」を付与する行為である必要がある。そこに教員の「ついカッとしてやりすぎた」などの行動的ストレス反応や不快感を与える快楽への依存が起こらないようにも注意したい。

　ところで，ストレッサーには職業上のストレッサーだけでなく私生活のストレッサーも存在する。前述したように職業時間と私生活時間はジレンマするし，別のメカニズムで職業ストレッサーも私生活ストレッサーもジレンマの関係であるがゆえに一方を優先し他方を犠牲（トレードオフ）にしすぎない，バランスの取れた妥協点を個々人が探る必要がある。この仕事の負荷と私生活の負荷の妥協を考える課題がワークライ

フバランスと呼ばれる。ストレッサーとしてのワークライフバランスの課題は，一方が他方に悪影響を与える流出モデルと一方の悪化の分だけもう一方の改善がなされる保証モデル，両者が独立するという独立モデルの存在が指摘されている（Frone他，1997）。残念ながら，教員の私生活のストレッサーやワークライフバランスの実態はよく分かっていないが，第12章で触れる退職の年代別理由に関する統計である程度の課題が伺いしれる。

　最後に，原因としての教職のストレッサーを包括したい。職業ストレッサーの内容は多様である。そもそも，教職は感情労働（emotional labor）と言われ，職業上の働き甲斐と不快感が交互に入れ替わるような感情を原動力として仕事の動機づけが構成されている。教職論においてのストレッサーとは職業上のストレッサーも私生活上のストレッサーもトレードオフとならないようにバランスの良い「ほどほどの負担」の妥協・両立を続けつつ，心理的負担・不快感に見合った働き甲斐を自分なりに探していく必要があると言える。このようなバランスを支えたり混乱させる機能を有するのが，職員室などの学校組織の特性や経営である。多様な業務を自らの成長のなかで必要に合わせて適応していくというバランス（妥協）を考え続ける発想が重要であろう。「ジレンマを解消する」感覚はいずれか一方を極端に犠牲としてしまうこと（トレードオフ）になりやすい。妥協しつつ「付き合う」という感覚で自らの職務の適応と今後の自身の職能成長やキャリア発達を見据えつつ，時代に合わせて教職の未来を展望していってほしい。

3.　数量化できる教員の職能，数量化できない人生とキャリアの質

　ところで，当たり前のように用いてきた職務と職能の言葉の定義の違

いを考えたい。もともとは給与・雇用制度にかかわる単語であり，職務給が特定の職務（job）つまり様々な業務（duties）の集合を担う給与契約を指す。一方，職能給とは定年までの職能成長による職務遂行力増進を期待してキャリア全体を雇用する給与契約である[4]。

　仮に教職を「一生の職」として決意しても，採用試験合格までは非常勤講師や常勤講師など職能給ではない雇用の形態となる。また，採用後に職能給として勤めた後は，年々重くなる職務負担や人事異動に適応できるように職能成長を自らの意志で続ける必要がある。その上で，産休や育休を通した育児や家族の看病・介護そして自らの病気と職業生活の両立が必要となる。将来は何歳になるかも分からない定年退職の年齢まで勤め上げた教職引退後の人生設計も当然，重要な人生の課題である。このように教職の数量化ができない個々人の運命や幸福な人生を考える主観的な質の視点がキャリアである。キャリアの推移や展望を充実させる課題は数量化できない質の課題なのでキャリア発達と呼ぶ。一方，職能給にあたる教員となった後は職能成長を続け，社会の期待に数量的に応える必要がある。数量的職能成長と質的キャリア発達の両立も大変な課題であろう。

　日々，職場環境や校務分掌の変化は次々に起こる。また，人事異動という数年に1度の大きな職務転換（job change）を求めるような変化にも適応をしていくことが職能成長の背景となる。学校現場では「異動は最大の研修」などという表現がよく用いられるが，長く教職を担えば職位の昇進以外にも教育行政機関への異動など海外では転職（job change）とも変わらない環境への適応が必要となる。これらが「当然の仕事」となるのが職能給を特質とする日本の教職である。Society 5.0やコロナ後は社会も学校も今までにない新しい，今でも予測がつかない

4）職務給制度と職能給制度については海老原（2013）が詳しい。日本では職能給制度が雇用市場の中核を占めており，欧米の雇用市場と大きく性格を異にしている。いずれも働く側にとっても雇う側にとっても一長一短である。なお，職能給制度が日本の教職に与える影響については第12章で考えたい。

ような新しい職能成長の要求が発生してくるだろう。時代の要請に適応し続けることで次世代の教職を形づくるような職能成長を目指してほしい。

　一方で個々人の人生は家族とともに生病老死の苦労と生活の糧を得るための苦労（work）の連続である。職務（job）として定められた課題を遂行するために無数の業務（duty）や計画的な連続業務（operation）を自分で判断しつつ遂行し続けることで職能（job ability）を中長期的に高めていくわけである。また，労働時間の過酷さはあるものの，給与と待遇の高さにおいて教職はある程度は恵まれた職業・職種（occupation）でもある。しかし，このような数字や法令という客観的で実証的な根拠（evidence）に規定された職業生活（career）が個人の人生の幸福に直結するわけではない。人生の幸福は量や客観だけで解決できない課題も多く，キャリアの軌跡や文脈，物語バランス感覚などのナラティブ[5]という質の課題でもあるからである。教職が自分にあった職なのかを自身で考え，教職に就いた後は自分の幸福感と教職の在り方を考え続けてほしい。

5）現在，世界的に実証的根拠に基づいた方針決定（EBPM: Evidence based policy making）や実証的根拠を参照した方針決定（EIPM: Evidence informed policy making）などの重要性が提唱されている。しかし，医療などの対人関係サービス領域において個々人の主観的幸福や苦痛の世界観に付き合うような別の視点が指摘されている。このような数量化しえない価値観や文脈への理解に関する概念をナラティブと呼びナラティブを根拠（narrative base）としたり，参照した医療の必要性が指摘されている（例えば，齋藤，2019）。

学習課題

（1）　本文で様々なジレンマの関係にある2要素を紹介し，そして，いずれもトレードオフではなくバランスを考えることの重要性を提示した。自分なりに教職に就いた場合にジレンマが生じることが想像される2要素を考え，両者のバランスの取り方を考えてみよう。

（2）　今まで生きてきた中で自分が感じやすいストレッサーと幸福な出来事を列挙しつつ，教員になった際に“いかにも感じそうなストレッサーと幸福な出来事”を列挙してみよう。

引用・参考文献

阿部真大『搾取される若者たち』（集英社新書，2006年）
海老原嗣生『日本で働くのは本当に損なのか』（PHPビジネス新書，2013年）
神林寿幸『公立小・中学校教員の業務負担』（大学教育出版会，2017年）
齋藤清二「医療におけるナラティブ・アプローチの最新状況」『日本内科学会雑誌』108(7)，pp.1463-1468（2019年）
セネカ著　大西英文訳『生の短さについて他二篇』（岩波文庫，2010年）
高木亮・高田純「教職キャリア発達段階のライフラインによる分析」『学校メンタルヘルス』（2019年），22(2)，pp.231-235
働き方改革実現会議『働き方改革実行計画』（2017年）
本田由紀『軋む社会』（河出文庫，2011年）
森川正之『生産性』（日本経済新聞社，2018年）
Frone,M.R, Yardley,J.K., &Markel.S.M., 1997 Developing and testing an integrative model of the work-family interface. *Journal of Vocational Behavior*, 50.

第3部　教員の職場―誰と働いているのか？（1）

8 ｜ 校内組織と教員の関わり

大野裕己

《目標＆ポイント》　本章では，教員の職場である学校の社会的役割の発揮と
教員の関わりについて，特に学校の職制・学校経営の組織（校務分掌・主任
制度）を中心に理解を深める。あわせて，近年の学校の職制・組織の再編動
向を確認し，学校に求められる組織的対応の実像を理解する。
《キーワード》　学校の職制（学校に置かれる教職員），学校経営，校務分掌，
主任制度，学校の組織的対応

1.　従来の学校組織の特徴と現代的課題

　学校教育は，多様な子供たちに向き合う（社会が要請する資質・能力
を保障する）本質的な難しさを持つ営みであり，目標・成果の曖昧さや
教育活動の流動性に創造的に対処することが求められる。従来の学校組
織は，この難しさを縮減する特徴的な仕組みを働かせてきた。それは，
企業等に比して組織の階層を減らし，第一線の教員に多くの裁量を持た
せて（フラット型の組織構造），学級・教科等個々に分けられた「個業」
の遂行を組織のベースに置く仕組み（「個業型組織」としての学校：佐
古，2006）と言える。第4章で確認した，教員の仕事の「広がり」「重
なり」「深まり」の特質は，このような組織構造・仕組みに由来するも
のと分かるだろう。過去，学校教育の比重が知識・技能の習得に置かれ
たなかでは，諸基準（学習指導要領等）を理解する教員が，個々の授

業・学級経営で担当する子供の多様性に対応できている限り，「個業型組織」としての成り立ちは社会に受容され，学校はそれ以上の組織性をことさら意識する必要はなかったと言える。

　しかし，以上の「個業型組織」としての従来の学校の成り立ちは，近年の社会環境の変化に伴い，大きな揺らぎの渦中にある。例えば，児童生徒の課題・ニーズはいっそう多様化（個別の支援ニーズを持つ子供の増加等）し，保護者対応を含めて個々の教員次元での問題解決が困難化しつつある。加えて最近の学校には，子供の資質・能力観の変化への対応や様々な危機事象（自然災害や感染症等）の予防・対処，さらに教員の業務負担（学校の働き方）の改善といった新たな課題も生じている。現在の学校には，これらの課題に効果的に対応するために，教職員等構成メンバー間の相互作用（協働）を通じた，組織性の向上（学校が組織として，高度な指導機能・安全管理機能を持続性ある形で発揮すること）が期待されている。

2. 学校に置かれる教職員

　教員は，学校組織で誰とともに働くのか。学校で働く教職員の主なものは，学校教育法をはじめとする法令に校種ごとに規定されている。義務教育諸学校（小・中・義務）を例にとると，学校教育法（第37条第1項）では，学校に校長・教頭・教諭・養護教諭・事務職員（幼稚園においては園長・教頭・教諭，高等学校においては校長・教頭・教諭・事務職員）を置かなければならないことが規定されている。これに加えて，学校には学校医・学校歯科医・学校薬剤師を置くものと定められている（学校保健安全法第23条）。ただし，教頭・養護教諭・事務職員は，特別な事情のあるとき等は配置しないことができる旨の例外規定があり，学校医・学校歯科医・学校薬剤師は常勤であることを要しない。

　以上の（原則）必置職のほか，地方自治体による任意配置の職も定められている。この点，前述の学校教育法第37条は，義務教育諸学校の場合，副校長・主幹教諭・指導教諭・栄養教諭その他必要な職員を配置できること，また特別の事情があるときは教諭に代えて助教諭・講師，養護教諭に代えて養護助教諭を配置できること，高等学校等においては実習助手・技術職員を配置できることを定めている。上述の「その他必要な職員」と関わって，学校教育法施行規則では，学校用務員，スクールカウンセラー，スクールソーシャルワーカー，部活動指導員といった後述する専門スタッフ等について定めている。

　学校の教職員には，法令でその職務内容と権限が合わせて規定されている。例えば，教諭の職務は「児童の教育をつかさどる」（学校教育法第37条11項）と定められている。ここで「つかさどる」とは，一定の仕事を自己の担任事項として処理することを意味する。したがって同規定は，教諭は広範囲に及ぶ「教育」の仕事を担当するとの意となり，「メンバーシップ型雇用」の日本型雇用慣行（濱口，2011）とも重なって，教員（教諭等）の職務内容の無境界性（佐藤，1994）に係る淵源の1つとなっている[1]。

　公立の義務教育諸学校の場合，校長，教頭及び教諭等の配置については，義務標準法（公立義務教育諸学校の学級編制及び教職員定数の標準に関する法律）の規定に基づき，学級数，児童生徒数（あるいは特定の条件に該当する児童生徒数）等の校種ごと算定式に基づく基礎定数，事由に基づく加配定数として各職の定数が算定され，義務教育費国庫負担制度のもと任命権者（都道府県等）により任用・配置が行われる（ここでは，外国人児童生徒や障害のある児童生徒等の特別なニーズ等への対応を担当する教諭等も算定される）。また，スクールカウンセラー・ス

1）2019年の中央教育審議会答申「新しい時代の教育に向けた持続可能な学校指導・運営体制の構築のための学校における働き方改革に関する総合的な方策について」を受けて，公立学校については，学校設置者における教諭等の標準職務の明確化（学校管理規則での明文化）が推進されており，状況の変化が生じつつある。

表 8 - 1　学校に配置される主な教職員名と職務規定[2]

職　　名	職　務　規　定 （主たる根拠法令）
校　　長	校務をつかさどり，所属職員を監督する。（学校教育法第37条第 4 項）
副校長	校長を助け，命を受けて校務をつかさどる。（学校教育法第37条第 5 項）
教　　頭	校長（及び副校長）を助け，校務を整理し，及び必要に応じ児童の教育をつかさどる。（学校教育法第37条第 7 項）
主幹教諭	校長（及び副校長）及び教頭を助け，命を受けて校務の一部を整理し，並びに児童の教育をつかさどる。（学校教育法第37条第 9 項）
指導教諭	児童の教育をつかさどり，並びに教諭その他の職員に対して，教育指導の改善及び充実のために必要な指導及び助言を行う。（学校教育法第37条第10項）
教　　諭	児童の教育をつかさどる。（学校教育法第37条第11項）
養護教諭	児童の養護をつかさどる。（学校教育法第37条第12項）
栄養教諭	児童の栄養の指導及び管理をつかさどる。（学校教育法第37条第13項）
事務職員	事務をつかさどる。（学校教育法第37条第14項）
助教諭	教諭の職務を助ける。（学校教育法第37条第15項）
講　　師	教諭又は助教諭に準ずる職務に従事する。（学校教育法第37条第16項）
養護助教諭	養護教諭の職務を助ける。（学校教育法第37条第16項）
実習助手	実験又は実習について，教諭の職務を助ける。（学校教育法第60条第 4 項）
技術職員	技術に従事する。（学校教育法第60条第 4 項）
寄宿舎指導員	寄宿舎における幼児，児童又は生徒の日常生活上の世話及び生活指導に従事する。（学校教育法第79条第 2 項）
学校給食栄養管理者	学校給食の栄養に関する専門的事項をつかさどる。（学校給食法第 7 条）
学校司書	専ら学校図書館の職務に従事する。（学校図書館法第 6 条）
学校医・学校歯科医・学校薬剤師	学校における保健管理に関する専門的事項に関し，技術及び指導に従事する。（学校保健安全法第27条第 4 項）
学校用務員	学校の環境の整備その他の用務に従事する。（学校教育法施行規則第65条）
スクールカウンセラー	児童の心理に関する支援に従事する。（学校教育法施行規則第65条の 3 ）
スクールソーシャルワーカー	児童の福祉に関する支援に従事する。（学校教育法施行規則第65条の 4 ）
部活動指導員	スポーツ，文化，科学等に関する教育活動（教育課程として行われるものを除く。）に係る技術的な指導に従事する。（学校教育法施行規則第78条の 3 ）

出典：中央教育審議会初等中等教育分科会 学校・教職員の在り方及び教職調整額の見直し等に関する作業部会（第 5 回）配付資料を参考に，その後の法令改正を踏まえて筆者作成

---

2 ）2021年 8 月の学校教育法施行規則改正により，「医療的ケア看護職員」（同施行規則第65条の 2 ），「情報通信技術支援員」（同第65条の 5 ），「特別支援教育支援員」（同第65条の 6 ），「教員業務支援員」（同第65条の 6 ）が新たに制度化された。第 9 章表 9 - 3 を参照。

クールソーシャルワーカー等の心理・福祉等に専門的な能力・経験を持つ専門スタッフを中心に，国庫補助事業の活用等に基づく職員配置，あるいは学校設置者である自治体独自の教職員の任用・配置（外国語指導助手（（ALT））や特別指導教育支援員等，地方交付税措置による職員を含む）もあり，これらを通じて校内に雇用形態を含めて多様な教職員が配置されることになる。表8-1からも分かるように，現在の学校には多様な職務に対応する教職員が配置されており，教員に対しては，職間の連携協働を通じて「子供の学び・育ちを組織的に豊かにする」視野と行動が求められる。

3. 学校の経営（マネジメント）

　学校は，公教育制度の枠組みにおいて，その設置者の包括的な管理を受ける一方，子供や保護者と直接関わる専門的な組織体として，自律的に創意ある教育活動を展開することが期待される。「学校経営」とは，そのような創意ある教育活動を生み出すための組織作用であり，各学校が，当該校の教育目標を効果的に達成するために，学校内・外の人的・物的・財的・技術的条件（資源）を最適化する過程，のように定義される。組織における「人」の比重が高い学校では，特に人間関係の調整と組織化が重視される（中留，1989など）。

　実際に，各学校において「経営（マネジメント）」が求められる事項は多い。例えば第2部第4章で見たカリキュラム・マネジメントや校内研修の推進，児童生徒の進級認定，財務管理，施設・設備管理（学校安全を含む）等があり，その推進のための組織づくり（校務分掌や地域連携）も同様である。これらの事項については，程度の違いはあれ学校の裁量性が一定程度認められており，校長を中心に教職員間（また学校・家庭・地域間）の協働で取り組む必要がある。

　現代の学校経営では，各学校の教職員が，当該校の子供の望ましい姿（資質・能力）を核とした学校教育目標を設定し，具体的な教育活動の計画，実践化，評価検証の過程を機能させて目標達成を図ることが重視されている。この過程を経営サイクルと呼ぶが，近年の日本の学校では「PDCAサイクル」が広く適用・実践されている。PDCAサイクルとは，学校経営の過程を計画（Plan）−実践（Do）−評価（Check）−改善（Act）の4つの段階・機能に分節して，その循環を通じて学校の教育活動の継続的改善を実現する考え方である。これに基づき，多くの学校では年度当初に，学校教育目標と現状の課題認識を起点に学校経営計画，教育課程計画，校務分掌部門単位の計画，研修計画の年間計画を策定し，これらが個々の教員の学年・学級経営計画等の立案の基礎となる。そして年度末では，以上の年間計画の達成状況が校長・教職員集団で点検・評価され，次年度計画への改善事項が整理・共有される。

4．学校経営の組織

　先に見た職員構成を基本に，各学校では，学校経営上の責任者と位置づけられる校長の権限・責任の下で，学校教育目標の達成に向けた学校経営組織が構築される。学校経営組織は，子供への教授・学習活動に関わる「教育組織」（学年・学級など），学校の意思形成に関する「運営組織」，教授・学習活動を支援する組織である「校務分掌組織」に区分される（堀内，1985）。さらに近年では，学校内・外の「連携協働に係る組織」も設けられている。

【運営組織（職員会議・企画委員会等）】
　学校の運営組織とは，校内の意思形成あるいは意思疎通に関わる組織を指し，職員会議や企画委員会等がこれにあたる。職員会議は，教職員が一堂に会して学校経営の重要事項を協議する場である。職員会議は法

令上（学校教育法施行規則第48条），校長の主宰で運営され，その機能は，「校長の職務の円滑な執行に資する」ための学校の教育方針・教育計画等に関する職員間の意思疎通，共通理解の促進，意見交換等と定められている。つまり，校長の学校経営上の意思決定を前提とする「補助機関」の性格を持つ。職員会議は戦前より多くの学校に慣習的に設けられていた重要な学校内部組織であるが，長く国レベルの実定法上に明文規定を持たなかったために，その性格（特に意思決定権の有無）を巡って「議決機関説」「諮問機関説」「補助機関説」等が分立し，多様な運用実態が見られた。しかし，2000年の学校教育法施行規則改正により，その性格が上述の「補助機関」と明定された。

　なお，学校においては，副校長・教頭・主幹教諭や中核的な主任等で構成する企画委員会・運営委員会等を設置し，職員会議に先立って学校の教育活動等に係る諸計画の検討を行うなど，機動的・効率的な管理運営の工夫がなされる場合もある。

【校務分掌組織（部会・委員会等）】

　校務分掌組織は，学校の教育活動を直接・間接に支援する幅広い業務（「校務」）の，教職員による有機的な役割分担の組織である（根拠規定は学校教育法施行規則第43条）。校務分掌組織は校長の権限で整えられるが，教育面・経営面の組織に大別される（図8-1）。教育面の組織は，学年・学級担任の分担としての学年会や教科会が代表例であり，経営面の組織としては，教育課程の編成管理（教務）や学習指導・生徒指導，保健衛生，運営事務についての部会・委員会が該当する。後述する各種主任等を核に，教職員数人単位での分担が図られる[3]。具体的な組織構成は，包括的な部門組織と課題対応性の高い委員会組織を併用するケース，委員会組織で統一するケース，あるいは小規模校等で「1人一役制」を採用するケース等が見られ，校務や学校規模等の違いに対応して

3）校務分掌組織については，いじめ防止対策に係る組織，労働安全衛生に係る組織が原則設置となっていることを除けば，法令上その具体に関わる積極的な規定は見られない。

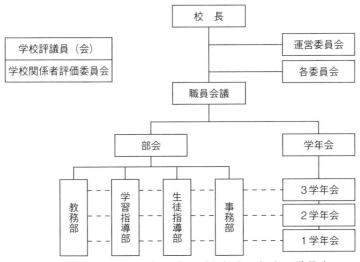

図 8-1　中学校の校務分掌組織例（学年会・部会・委員会のマ
トリクス組織のイメージ）

多様性を帯びている。従来の日本の校務分掌体制は，各教職員が学年・
教科・部会（・委員会）の複数の担当を兼任し，教職員が部会等を行き
交いしながら業務を遂行する方式（マトリクス組織）が採られる場合が
多く（浅野，2008），本来的に協働性・課題解決指向の特質を持つ。
　一方，校務分掌組織の実情としては，組織がいったん設置されると廃
止しがたいことによる部門・委員会構成の肥大化やその帰結としての業
務量増加（教職員の多忙化や業務の抱え込み＝個業化に作用）の課題も
見られる。そのため現在では，目的と活動期限を明確にしたプロジェク
ト組織等の設置による教職員間協働の活性化等の工夫や，そうした工夫
を契機とした，各学校の教育目標・課題に基づく校務分掌組織の見直
し・再編の取り組みも見られるようになっている。

表8-2　学校に置かれる主任

学校種別	主　任　等　の　種　類	
小学校 義務教育学校 前期課程	教務主任・学年主任・保健主事・（その他の主任）	（事務長 又は事務 主任）
中学校 義務教育学校 後期課程	教務主任・学年主任・保健主事・生徒指導主事・進路 指導主事＊・（その他の主任）	（事務長 又は事務 主任）
高等学校	教務主任・学年主任・学科主任・保健主事・生徒指導 主事・進路指導主事＊・農場長・（その他の主任）	事務長＊
中等教育学校	教務主任，学年主任，学科主任，保健主事，生徒指導 主事，進路指導主事＊・農場長・（その他の主任）	事務長＊
特別支援学校	〔全体〕教務主任・学年主任・保健主事・寮務主任・ 舎監＊・（各部の主事）・（その他の主任） 〔中学部〕生徒指導主事・進路指導主事＊ 〔高等部〕学科主任・生徒指導主事・進路指導主事＊	事務長＊

注）＊は必置の主任（該当条件を満たす場合の必置を含む），（ ）は任意設置の主任を示す。ただし，担当する校務を整理する主幹教諭を置く場合，当該校務に係る主任は置かないことができる。

【主任制度】

　校務分掌組織と関わって，特定校務の連絡調整及び指導・助言にあたる職制として，主任が置かれる。学校教育法施行規則は，各校種に置く主任（省令主任）を定めており，例えば小学校の場合，教務主任・学年主任・保健主事は原則必置である（表8-2。主幹教諭に特定の校務を整理させる場合や特別の事情がある場合，当該校務に係る主任を置かないことができる）。ただし，各自治体等で，必要に応じて，研究主任や学校安全主任等（「その他の主任」）を加えて配置できる。

　これらの主任は，上述の校務分掌組織と結びついて，担当する部門等

の運営にリーダー的役割を果たす。ただし法令上，主任は，教諭・養護教諭・指導教諭のなかから校長（または教育委員会）が命課する「充て職」であり，その職務も「校長の監督」のもとでの非権力的行為としての「連絡調整及び指導，助言」に限定されている。つまり主任は中間管理職の位置づけをもたず，同僚・先輩としての立場をベースに，教職員間の相互作用を活性化しながら，学校の校務や課題解決をリードしていくことが期待されている。

【学校内・外の連携協働に係る組織等】

　戦後日本の学校教育制度では，学校経営への保護者・地域住民の公式な参加制度は長く整備されてこなかった。しかし1990年代後半以降，裁量拡大を通じた特色ある学校づくりが政策的に推進されるなかで，2000年学校教育法施行規則改正による学校評議員制度（校長の権限を前提とした，校長個人の個別諮問制度），2004年地方教育行政の組織及び運営に関する法律改正による学校運営協議会制度（教育委員会が所管する学校に，一定程度の学校経営上の権限を有する学校運営協議会を設置。その設置校を「コミュニティ・スクール」と呼ぶ），さらに2007年学校教育法等改正に基づく学校関係者評価（保護者・地域の学校関係者の委員会等による学校評価）の制度化と，保護者・地域住民の学校参加に関わる法制度が漸進的に構築された。また，2007年学校教育法等改正では，参加等の前提となる学校の情報提供の規定も設けられた。以上の組織については第11章で取り上げる。

5. 教員の学校経営組織への関わりと職能成長

　教員は，新任期から基本的には「一人前」とみなされ，学級や教科の担任に限らず，校務分掌の分担等も求められる。学校経営次元の分掌組織への参加は，新任・若手期の教員にとって関わりにくさ，ハードルの

　高さが意識されるだろう。一方で近年の学校では，分掌内の係活動設定，他教諭との共同分担（ミドルから若手へのメンター的指導を促進）等の意図的な校務分掌組織の設定・運用を通じて，若手教職員が多様な校務経験を積むことを可能とする育成面の工夫を図っているケースも多く見られる。

　本章で触れたように，学校の組織性・組織的対応が重視される現代の学校教員には，新任期においては，部分的業務に従事しつつミドル等の視野・運営を観察する周辺参加からはじめ，徐々に主要な行事等を動かす分担・責任を担い，学校レベルの環境・課題把握とその解決方策の企画立案等の力量（コンセプチュアル・スキル）を磨き育てていく職能成長の姿勢・展望が求められよう。

6. 学校組織の再編の動向

　過去の日本の学校組織は，校長・教頭以外の教職員の階層が少なく，教員の個業化指向が強いといった特徴的な成り立ちを有してきたことを冒頭で指摘したが，この成り立ちは，近年の激しい環境変動との不適合（校務分掌組織の機能不全や，その結果としての学校の危機事象への対

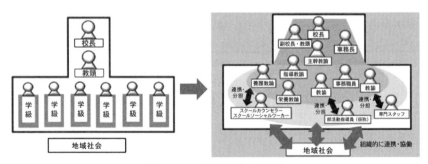

図8-2　学校組織の再編
出典：中央教育審議会（2015）

応の難しさや教員の多忙化等）が意識されている。

　これに対して，2000年代以降，国・地方レベルの教育改革では，多様化・複雑化が進む学校現場での課題解決（組織的対応）と，教員の業務適正化の両立を意図して，縦・横2つの軸で学校組織の再編が進められてきた（図8-2）。縦軸の再編は，管理職の権限強化等に基づく学校組織の垂直的統制化（フラット型からピラミッド型への転換）である。1990年代後半からの改革議論において，校長の経営ビジョンを中心とする機動的な学校経営体制の構築（加えて校長の教育課程・人事等での裁量拡大）を通じた，地域の実情に対応する教育活動の実現が方向づけられた。これに基づき，2000年の学校教育法施行規則改正による職員会議の補助機関化や民間人校長任用制度導入等「校長のリーダーシップ強化」に係る運営組織の改革，さらに2007年学校教育法改正による，副校長・主幹教諭等中間管理職的位置づけを有する職制の制度化が，順次進められてきた。

　そして横軸の再編は，学校の多職種化（教員の職種分化と教員以外の専門スタッフ導入）を通じた学校組織の水平的な分業及び協業化と言える。これについては2000年代以降，子供の学習活動の充実，生徒指導面の課題対応を意図した学校組織の多職種化が進められた。例えば，児童生徒の食育を推進する栄養教諭（2004年），教員の指導力向上の体制づくりや指導助言を行う指導教諭の制度化（2007年），学校図書館の機能化への整備を担当する学校司書の制度化（2014年），心理・福祉面での支援に従事するスクールカウンセラーやスクールソーシャルワーカー，中学校以後段階の部活動の技術指導等に従事する部活動指導員等の制度化（2017年）など，多様な教員，専門スタッフ等の制度化と配置が進展している。また，第2節で触れたように，教諭等のなかでも，義務標準法に基づく基礎定数・加配定数において，多様なニーズへの対応を担当

する教員の配置が拡充基調にある。

　以上の縦・横両軸の組織再編を通じて，今後の学校においては，校長が諸環境条件や課題を踏まえて策定する学校教育目標やビジョンを教職員間で共有していくこと，他方で校長による適切な役割の委譲・分散のもと，現場第一線の教職員集団で機動的かつ協働的な課題発見と解決行動を具体化して，学校の組織性・組織的対応の実質を形成していくことが期待されている。

　本章では，第3部の端緒として，学校で働く教職員の職種や職務内容，学校の組織的動きの基本を確認するとともに，近年の新たな学校課題への対応・解決を意図した学校の職制・組織の改革動向を見てきた。最後に触れた学校の多職種化と教職員間の協働については次章で，保護者・地域との協働については第10・11章でより詳しく触れていく。

学習課題

（1）　学校ボランティア等で訪問した学校の学校要覧等をもとに，学校の教職員配置を確認するとともに，教職員間の協働の工夫がどのように図られているか検討してみよう。

（2）　過去20年ほどの学校の組織運営についての制度改革の経緯を整理し，学校の組織的対応に関する施策がどのように講じられてきたか，整理してみよう。

参考文献

浅野良一「一般経営学と教育経営―企業経営学からみた教育経営・学校経営の課題―」『日本教育経営学会紀要』第50号（第一法規，2008年）pp.26-37

大野裕己「学校管理と法」篠原清昭編『教育のための法学』（ミネルヴァ書房，2013年）pp.59-78

佐古秀一「学校組織開発」篠原清昭編『スクールマネジメント』（ミネルヴァ書房，2006年）pp.155-175

佐藤学「教師文化の構造―教育実践研究の立場から」稲垣忠彦・久冨善之編『日本の教師文化』（東京大学出版会，1994年）pp.21-41

中央教育審議会答申「チームとしての学校の在り方と今後の改善方策について」（2015年）

中留武昭「学校経営学へのいざない」小島弘道・中留武昭編『学校経営』（日本教育図書センター，1989年）pp.29-51

濱口桂一郎『日本の雇用と労働法』（日本経済新聞社，2011年）

堀内孜『学校経営の機能と構造』（明治図書，1985年）

文部科学省マネジメント研修カリキュラム等開発会議『学校組織マネジメント研修―これからの校長・教頭等のために―（モデル・カリキュラム）』（2004年）

第3部　教員の職場―誰と働いているのか？（2）

9 | チーム学校における
他職種専門職との協働

大野裕己

《目標＆ポイント》　本章では，第8章に引き続き，学校の社会的役割の発揮
と教員の関わりについて，他職種専門職（専門スタッフ等）との協働の観点
を中心に検討する。特に，近年の学校教育における課題の複雑化及び教員の
多忙状況を背景に，政策的に推進されているチーム学校（「チームとしての
学校」）の職種間協働と組織的対応について理解を深める。
《キーワード》　学校の多職種化，学校の専門スタッフ，チーム学校（「チー
ムとしての学校」），With コロナ期の学校組織経営

1. 外国（アメリカ）における
チーム学校（多職種化）の実際

　「今年，予算・教職員配置のプロセスで校長に伝えたことは，ある種
の『マイクロマネージ』が必要であるということ。1日を1分単位で
知って，最も困りごとを抱える子供の痕跡を辿ることが，支援・援助に
向けて大切である。最も支援を必要とする子供たちを安定化できたら，
残りの学校のしつらえを明確にできる」（M学区副教育長）
　「今や校長になることはとても難しいことになった。（中略）校長に
なる者には，最低でも（学校が）提供できる支援について語って欲しい。
このためのメトリクス（定量化したデータに基づく組織管理）の取り組

みが必要となる」（M学区学校管理主任）

　以上は，筆者が2016年3月にアメリカのある都市部学区（M学区）を
訪問調査した際に学区幹部職員より受けた発言である。この発言からは，
「現在の学校の多職種化を通じて何をなしたいか」の課題意識を端的に
読み取ることができる。以下では，このM学区の事例を中心に，日本に
先行して学校の多職種化が進展しているアメリカのチーム学校／組織的
対応の実際について概観したい。

（1）　アメリカにおける学校組織・教職員配置の特徴と近年の変化

　合衆国憲法により教育が州の専権事項と定められているアメリカでは，
公立学校の教職員構成や配置は基本的に州・地方学区の裁量に委ねられ
ており，各地の教育政策に基づく多様な職種の配置が特徴となっている。
全米的な統計調査によれば（National Center for Education Statistics
2015，表9-1），アメリカの公立初等・中等学校における教員の割合は
50％程度に留まり，残り半数近くは指導助手・ガイダンスカウンセ
ラー・サポートスタッフ（教育指導支援〔指導補助・図書館メディア
等〕，生徒支援〔心理・ソーシャルワーカー・健康・特別支援等〕，その
他支援〔管理事務・食堂・バス輸送等〕に分類している。州により免許

表9-1　学校の教職員構成（フルタイム換算）

年　＼　教職員	学区行政担当職員	校長・副校長	教員	指導助手	司書	ガイダンスカウンセラー	サポートスタッフ
1990	1.7%	2.8%	53.4%	8.8%	1.1%	1.8%	30.4%
2011	2.1%	2.7%	50.6%	11.6%	0.8%	1.7%	30.5%

出典：National Center for Education Statistics（2015），p.152をもとに筆者作成

等資格要件が設定される職種も含まれる）といった多様な職種で構成されていることが分かる。

　アメリカでは，1965年初等中等教育法制定等及び1975年全障害児教育法制定を1つの契機として，サポートスタッフ等の教員以外の職種の雇用が増加した（中留，1999）。その結果，アメリカの学校は，多職種での分業体制のもと，教員が学習指導（授業）に専念しやすい職務遂行様式を確立している（第4章・表4-3参照）。同国では最近においても，学校の人種構成の変化や貧困率の増加，特別な支援を要する子供の増加といった日本とも重なる教育課題を背景に，州・学区での多様な教職員の配置が続いているが，他方で職種間の分業・協業のあり方には現代的な特徴も見られる。この点について，冒頭で取り上げたM学区を事例に，掘り下げて検討したい。

（2）　M学区の教育課題と教職員配置

　M学区[1]は，五大湖に近いX州中南部に位置し，調査当時児童生徒数約2万7千人，所管学校数50校の州内上位の規模を有する学区である。学区内に全米屈指の州立大学があり，学区と教員養成・学校改善に関する連携が組まれている。この地域では企業誘致等を通じた都市再開発が進む一方，①学校の児童生徒の人種構成の変動（多様化の加速），②経済的困難を抱える家庭の増加（貧困率上昇），③特別なニーズを持つ子供の増加といった課題が見られ，同学区においても対応の改善の必要性が意識されていた。近年同学区は，学力格差縮減とキャリア準備教育の充実，そのための学校単位での改善計画（School Improvement Plan: SIP）の策定・評価と学区全体での教職員の能力開発・組織学習に力点を置く学校改革戦略を数年にわたり推進してきた。

　調査当時，同学区が各学校に配置していた教職員は，以下の区分で整

1）本章におけるM学区・B校についての記述は，2016年3月における同学区・同校訪問調査（M学区副教育長，学校管理主任，B校校長へのインタビュー），及び学区が公表する学区戦略フレームワーク年次報告や学区予算関連資料に基づく。

理できる。

・**一般教育**：教員（初等学校の場合，学級定数は上限30人。ただし従
　来はさらに学級規模を縮小できるよう配置していた），読解向上介
　入教員，コーチ教員，指導助手
・**管理職・事務**（校種別に配置数算定）：校長・副校長，事務職員，
　体育ディレクター，図書メディア専門職，保守・安全管理職員，食
　堂職員等
・**生徒支援**（校種・児童生徒数・貧困率に基づく配置数算定）：学校
　心理士（子供を心理教育面で支援），ソーシャルワーカー，ガイダ
　ンスカウンセラー（子供の学業・進路面での発達課題を支援），行
　動訓練コーチ，行動訓練助手，看護師，看護師助手
・**特別支援教育**（州定義による対象児童生徒数から校種別算定）：特
　別支援教職員（作業療法士・言語聴覚士等を含む），特別支援助手
・**多言語教育**（適用施策に基づき配置数算定）：ESL（English as a
　Second Language：第二外国語としての英語）教員・バイリンガル
　リソース教員，バイリンガルリソース専門職員，多文化コーディ
　ネーター

※ X州は，教職（発達段階・教科領域別），管理職（校長，読解スペシャ
　リスト等10種），生徒サービス職（スクールカウンセラー，学校看護師，
　学校心理士，スクールソーシャルワーカーの4種）について，免許制度
　を策定している。

　学区は，予算編成時に各教職員の配置数を算定式（フォーミュラ）に
より計算し，校長に内示する（表9-2）。この時点でも，日本でもまだ
認知の薄い教職員（サポートスタッフ）を，多くの場合常勤ベース（配

置数が1を超えるものは常勤雇用可）で配置する意思を読み取ることができるが，各校種の校長は，裁量予算を用いて所定の範囲で教職員配置を組み替えることができる。また，追加的な財源獲得を通じて，家庭連携担当職員等さらに必要な職員を配置しうる。

　加えてM学区には，学区としての教職員配置（学校組織体制構築）の工夫も見ることができる。その第1は，「職間の相互作用の促進」を役

表9-2　予算内示段階における教職員配置数（フルタイム換算値，2015/2016年度）

A 初等学校

管理職		1.00
事務系職員		1.00
一般教育	一般教員（主任含む）	25.65
	読解向上介入教員	1.90
	コーチ教員	1.00
	指導助手等	1.00
生徒支援	学校心理士	0.80
	スクールソーシャルワーカー	0.80
	行動訓練コーチ	0.20
	看護師	0.40
	看護師助手	0.85
	行動訓練助手	1.00
特別支援	特別支援教職員（ST/OT/PT含む）	4.59
	特別支援助手	5.53
言　語	多言語教育教員	2.50
	合　　計	48.22

B ハイスクール（後述のB校）

管理職		5.00
事務系職員		5.88
	体育ディレクター	1.00
一般教育	一般教員（主任含む）	95.70
	進路連携学校側コーディネーター	1.80
	読解向上介入教員	0.00
	コーチ教員	2.00
	指導助手等	3.52
生徒支援	学校心理士	2.00
	スクールソーシャルワーカー	2.80
	行動訓練コーチ	1.00
	ガイダンスカウンセラー	6.69
	看護師	1.30
	看護師助手	0.94
	行動訓練助手	0.00
特別支援	特別支援教職員（ST/OT/PT含む）	31.56
	特別支援助手	20.71
言　語	多言語教育教員	7.45
	合　　計	189.35

注）：保守・安全管理・食事サービス等の職員は別途配置。
出典：M学区作成（Webページ公表）の予算内示案を参照

割とする教職員の積極的な配置である。同学区には職責が多岐にわたる
教職員のなかでも，教員チームに働きかけて読解（Reading）に課題を
抱える子供の診断・支援を促進する「読解向上介入教員」（関連免許保
有者を全初等学校に配置），教員と協働し，より効果的な教授方法を指
導助言する「コーチ教員」（全校に配置）など，教職員間の相互作用促
進に関わる職員を重点的に配置し，他に生徒支援系の行動訓練コーチ，
学校心理士，ソーシャルワーカー，ハイスクールのガイダンスカウンセ
ラーも拡充している。

　第2は，「学校改善計画（SIP）を核とした校内チーム体制構築」で
ある。同学区は，学校単位の改善計画策定・評価を求めているが，詳細
には，校長のもとに構成される①学校リーダーチーム（School-Based
Leadership Team：SBLT）[2]，②部門・学年等の教員チーム（Teacher
Team：TT），③生徒支援チーム（School Support Intervention Team：
SSIT）が，データに基づいて学校改善計画の策定・評価（SBLT），教
授方略の調整（TT），生徒支援の焦点化（SSIT）に関する計画づくり
を分担し，各層のチームと仕事を緊密に相互関連させる枠組みを構想し
ている（図9-1）。これを前提に，コーチ教員等の教員／生徒支援チー
ムのリーダーには，各チームでの計画・課題解決や層間の意思疎通等に
ついて中核的な役割を果たすことを期待している。学区はこの枠組みと

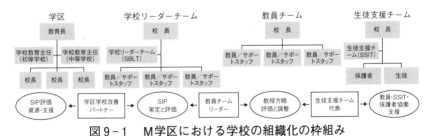

図9-1　M学区における学校の組織化の枠組み
出典：M学区作成の学校リーダーチーム toolkit（2016-17年度）を参照

2）調査当時，B校のSBLTチームは，校長・副校長4・コーチ教員2・部門主任
5・ソーシャルワーカー・多文化コーディネーター・学区学校改善パートナーの15
人で構成されていた。

関連して，労使間の協約を改定して各学校での毎週月曜日の共同計画時間を確保している（うち月1回は職員会議，3回は各チームでの課題解決の計画作成に充てることとなる）。

（3） 学校現場での職員配置と運用（協働）の実際：
ハイスクールのケース

　以上の学区教育行政の枠組みのもと，学校レベルでの職員配置・運用について，Bハイスクール（B校）の事例を取り上げて考察したい。

　B校は，生徒数約2,000人，教職員数約200人（2015年）の4年制ハイスクールである。大規模校で生徒の人種構成多様化も進行する同校は，生徒の社会的資質・能力の向上，人間関係円滑化，キャリア教育充実に課題意識を有している。同校の学校改善計画（SIP）とも関連する特色ある取り組みとしては，全校生徒を学年横断の縦割4分割した教育組織の編成（「ネイバーフッド（Neighborhood）」と称する。4つのネイバーフッドはさらに20人程度の活動集団に細分化される）を通じた，生徒間関係形成及び生徒支援の充実がある[3]。

　2015/2016年度予算編成段階に学区がB校に内示した教職員配置数は，表9-2「Bハイスクール」のとおりであった。校長は生徒組織（及び英語学習者対応）を機能させるように，裁量予算を活用して学区内示数以上のソーシャルワーカー・ガイダンスカウンセラー・看護師を確保し，副校長4人（ネイバーフッド校長と措定），ソーシャルワーカー3人とガイダンスカウンセラー7人，学校心理士2人を，4つのネイバーフッドのいずれを担当するか明確に割り当て，その専門的見地からの関わりを促進する運営体制を構築していた（学校内に4つの「小さなコミュニティ」を設ける発想と言える）。また本取り組みの導入期においては，

3）B校は，「ネイバーフッド」を当初は学習指導・生徒支援の基礎単位としたが，現在は生徒支援組織としてのみ運用している。調査当時の取組例として，月曜午前50分の「アドバイザリー」時間枠設定（学年別に「ハイスクールへの円滑な移行」「キャリア探索」等の活動を実施）がある。

連邦政府の財政支援を申請し，プロジェクトをリードする学校改善コーディネーター・リテラシーコーチの確保も図ってきた。ここには，生徒支援にそれぞれ特性を持つ教職員間での相互作用（協働）を活性化し，生徒の学校生活上のニーズに対応することが肝要と捉える校長の意思が見られた。

　教員（教科教員）については，生徒の科目選択希望による配置が基本となる。そのうえで校長は，各教科部門の主任を教員リーダーに措定し，教員スケジュール設定の最適化を通じて（同一学年・同一教科担当教員が，１日のなかで話し合いが可能になる空き時間を確保する等），チームでのカリキュラムや教授方略開発に取り組ませるなど，教員レベルの協働化促進に意を用いていた。

（4）　現代アメリカの学校の多職種化の意義

　M学区は，全米の傾向と概ね同様に，最近も職種分化を続けている。しかし，その分化は教員の役割を学習指導に焦点化することに作用するが，仕事を狭く固定化する性質のものとまでは言い難い。同学区において新たに重点配置される職種には，教職員間の相互作用を促進する機能を期待されるものが目立ち，校長の教職員配置・学校経営においても職間意思疎通・共同立案の積極的な工夫が講じられている。つまり，多職種配置の結果，教員チームにおいて，メトリクスを含めた子供のニーズに焦点化した課題の発見・解決，また，中核的教員のコーディネート能力や組織学習促進の役割が強く意識されており，このような教職員間の協働のあり方にアメリカのチーム学校の目指すところを見出しうる（M学区の場合，図9-1の校内チーム体制の枠組みもあり，現状では教員，生徒支援の同系統職種間の協働が主となっているように見受けられる）。

2. 日本におけるチーム学校（多職種化）の経緯と職種間協働の実際

（1）　日本の学校における専門スタッフ等の配置の経緯

　これまでの章で見てきたように，現代の学校は，子供にSociety 5.0の社会を生き抜く多面的な資質・能力を養う（学習指導の高度化）とともに，子供の多様な支援ニーズ・家庭環境等（生徒指導課題の複雑化）への対応を図ることが求められている。これらの学校の機能拡大の要請に対して，教員の個々人の技量・努力（職務の無境界性と個業）に依存してきた従来の学校組織では，教員の長時間勤務の問題を含めて対処が難しいとの課題意識から，日本では，多職種化を通じたチーム学校（「チームとしての学校」）の組織改革が進められてきた。

　学校の多職種化は，2000年代以降，①子供の学習指導・生徒指導の課題解決及び，②教員の勤務適正化の2つのベクトルで，教員・教員以外の双方において進んでいる。例えば，栄養教諭制度化（2004年），副校長・主幹教諭・指導教諭制度化（2007年），学校司書の制度化（2014年），スクールカウンセラー・スクールソーシャルワーカー，部活動指導員等の制度化（2017年），学校経営参画を意識した事務職員の職務規定変更（2017年），さらに医療的ケア看護職員・情報通信技術支援員（従来のICT支援員）・特別支援教育支援員（同じく介助員等）・教員業務支援員（同じくスクール・サポート・スタッフ）の制度化（2021年）等，専門性を有する教員及び専門スタッフ等[4]が法令上に位置づけられてきた。また，国のモデル事業・財政措置等を通じて，上記の職種のほか，ALT，特別支援学校における専門スタッフ（言語聴覚士・作業療法士・理学療法士等），その他の支援人材が学校に配置されてきた。加え

4）本章で「専門スタッフ」とは，心理・福祉の専門家など「専門的な能力・経験等を生かして，教員と連携・分担し，教員とともに教育活動に当たる人材」，「専門スタッフ等」は事務職員，専門スタッフ及びその他の支援人材までを広く指す語として用いる。

て，教諭等においても，道徳教育推進教師や特別支援教育コーディネーター，地域連携担当教員等，教員間の連絡調整（コーディネイト）を担う担当者を定義，配置する動きも進んでいる。表9-3は，学校の教員以外の主な専門スタッフ等を整理したものであるが，これを見ると現在の日本の学校が，アメリカと同様に多様な教職員で構成されつつあることがつかめるだろう。

表9-3　学校に配置される（教員以外の）主な専門スタッフ等とその職務

職　名	役　割
〔学校運営関連〕	
事務職員	事務をつかさどる。（学校教育法第37条14項に規定）
学校用務員	学校の環境の整備その他の用務に従事する。（学校教育法施行規則第65条に規定）
〔心理・福祉関連〕	
スクールカウンセラー（SC）	学校における児童の心理に関する支援に従事する。（学校教育法施行規則第65条の3に規定）
スクールソーシャルワーカー（SSW）	学校における児童の福祉に関する支援に従事する。（学校教育法施行規則第65条の4に規定）
〔授業等支援関連〕	
教員業務支援員	教員の業務の円滑な実施に必要な支援に従事する。（学校教育法施行規則第65条の7関連）
学習指導員	TTや習熟度別指導の学習指導，学校生活適応への支援等について教員や学校教育活動の支援を行う。
情報通信技術支援員	教育活動その他の学校運営における情報通信技術の活用に関する支援に従事する。（学校教育法施行規則第65条の5に規定）
学校司書	専ら学校図書館の職務に従事する。（学校図書館法第6条に規定）
外国語指導助手(ALT)	外国語の授業等において，教員とのティーム・ティーチングによるコミュニケーション活動や，教材作成支援等により教員を支援。
理科支援員	小学校の理科授業において，観察・実験等の支援，教材開発支援等を行う。

〔部活動関連〕	
部活動指導員	中学校等におけるスポーツ，文化，科学等に関する教育活動（中学校の教育課程として行われるものを除く）に係る技術的な指導に従事する。（学校教育法施行規則第78条の2に規定）
〔特別支援教育関連〕	
医療的ケア看護職員	学校における日常生活及び社会生活を営むために恒常的に医療的ケアを受けることが不可欠である児童の療養上の世話または診療の補助に従事する。看護士等をもって充てる。（学校教育法施行規則第65条の2に規定）
特別支援教育支援員	教育上特別の支援を必要とする児童の学習上又は生活上必要な支援に従事する。（学校教育法施行規則第65条の6に規定）
言語聴覚士・作業療法士・理学療法士等	障害のある児童生徒等に対し，医学・心理学等の専門的知識・技術等から教員と協力して指導の改善を行うとともに，校内研修における専門的指導を行う。
就職支援コーディネーター	外部機関等と連携して，障害のある生徒1人ひとりの障害に応じた就労支援の充実を図る。

出典：主に中央教育審議会答申「チームとしての学校の在り方と今後の改善方策について」（2015）及び総務省「学校における専門スタッフ等の活用に関する調査（結果報告書）」（2020年）を参考に，2021年8月時点の関連規定に基づいて筆者作成

（2）　チーム学校における教員と専門スタッフ等の協働の実際

　学校における専門スタッフ等の特性や教員との協働の実際について，事務職員とスクールソーシャルワーカーを例にとって概観したい。

1）事務職員

　学校の事務職員は，非教授的活動としての事務全般を担当する職員である。事務職員は，学校教育法第37条第1項における原則必置職であり，公立小・中学校の場合，関連法令の規定に即して多くの場合各学校に1人配置されている（学校規模・事務量により，配置されない／あるいは複数配置となる場合がある）。事務職員の担当する職務は，「総務」（学

籍・就学支援・文書管理・人事）「財務」「管財」等に大別しうるが，その内実は従来の法規定上（学校教育法第37条14項「事務に従事する」），定型的な事務業務の処理に狭く捉えられがちであった。

　しかし，近年の学校の機能強化が課題となるなかで，学校運営事務に高い専門性を有する事務職員の役割発揮の在り方が注目された。2017年の学校教育法改正により職務規定が変更され（従事する→つかさどる），事務職員が条件整備面から学校の教育活動・校務運営の充実に積極的に参画・支援すること，あわせて管理職・教員との業務の連携・分担を進めることといった，チーム学校への関与が期待されている。

　ある小学校では，校長・教頭の支援の下で，事務職員が校内の予算編成・執行・評価プロセスを改善したこと（校内要望聴取と学校の重点に基づく優先順位査定等の組み込み）が，校内教職員の「ビジョンに基づく予算の効果的使用」のコスト意識や行動を促進した。これは，事務職員の財務面での専門性発揮が学校の組織的教育活動に寄与したという意味での，チーム学校具現化の一例と言える。また，別の中学校（校区2小学校・1中学校）では，市の兼務発令により3校事務職員が共同で学校事務を実施する体制のもとで，この事務部門が校区3校で活用可能な人材バンク整備等地域連携・協働体制づくりを担当し，学校（教員）の教育活動の充実を支援した。この事例も今日的なチーム学校の協働例と言えるが，事務職員の新たな校務運営参画の文脈を色濃く見ることができる。

　なお，学校（特に小・中学校）の事務職員には，任用の多様性や配置実態（多くが学校の一人職となる）による資質能力の多様性が，校務運営参画上の課題と意識されてきた。今後のチーム学校推進に向けて，職務内容の標準化や研修の充実，さらに上に見た事務の共同実施（あるいは共同学校事務室）といった取り組みが国・地方で推進されつつある。

2）スクールソーシャルワーカー

　スクールソーシャルワーカー（SSW）は，社会福祉分野の専門的見地から，幼児児童生徒の生徒指導上の課題解決・支援に関わる専門スタッフである。その職務は，①問題を抱える子供が置かれた環境への働き掛け，②関係機関等とのネットワークの構築と連携・調整，③学校内におけるチーム体制の構築と支援，④保護者，教職員等に対する支援・相談・情報提供，⑤教職員等への研修活動等とされており，臨床心理の知見から子供の直接的なケアを主に担うスクールカウンセラー（SC）と比して，直接的支援に留まらず，個別ケースでの子供を取り巻く環境全体を見取り，関係機関をつなぐアプローチを図る点に特性を持っている。

　西日本の都市部のある小学校では，市の配置拡充事業を受けて2015年からSSWが配置された（役所配置で週1回派遣）。同校の管理職・SSW窓口教員は，当初2年間はSSW派遣日の周知や校内研修機会を多く設定し，教員がSSWの働き方・役割を理解し相談しやすい環境づくりに努めた。教員の相談件数が増えた2年目以降は，SSW窓口教員による相談フローの確立そしてSSW主導の校内ケース会議（各学年学期1回，30分を目安に「情報共有」「見立て」「目標設定」「具体策立案」の流れ）の定着を順次行い，学年団中心に子供の課題の早期発見と内外連携による支援を可能にするチーム体制を確立していった。

　同じく西日本の山間部の中学校の場合，校長の求めのもと，SSWが上記業務に加えて，学校評価委員会にも参加し，生徒指導分野を中心に保護者・生徒アンケートの読み取りや家庭への効果的な情報提供，中学校区での家庭教育支援の方法について助言し，同校の家庭との積極的関係構築を支援した。

　SSWは，2008年度開始の文部科学省活用事業により全国的に配置が

促進され，現在は全中学校区（約1万）への配置が目指されている（国3分の1補助の補助事業）。

　日本における専門スタッフ等の配置は現在も途上段階にあり，SC，SSW等少なからぬスタッフは，非常勤任用あるいは単一校に常駐しない勤務形態となっている（従って同一学年担任教員間のような密接な意思疎通が常に可能と限らない）。また雇用に際して資格・免許要件が明確に設定されないスタッフ種別も少なくない（スタッフの確保も容易ではない）など，専門スタッフ等の学校での役割発揮をめぐり留意すべき点はかなり多い。そのうえで，各学校の管理職・教員が，配置される専門スタッフ等の特性を適切に理解し，業務の抱え込み／専門スタッフ等に単純に委ねてしまう発想をとらず，その視野等を活かした（その意味で効率的な）課題解決のスタイルを創り出していくことが，今後の学校の高度な学習指導・生徒指導機能の発揮に向けて重要となる。

3. Withコロナ期における学校の「組織的対応」への教員の関わり

　新型コロナウイルス感染症の世界的拡大は，2020年度当初の学校の長期休校措置を中心に，学校教育にも大きな影響を与えた。学校現場は，VUCA時代とも呼ばれる見通しを持ちがたい状況のなかで，休校や家庭環境の変動により子供に生起する学び・育ちの課題（困りごと）への多面的な対応を余儀なくされている。

　このようなWithコロナの状況においては，年度単位の時間軸での学校経営計画（PDCAサイクル），前年踏襲の色彩の強い校務分掌組織といった，従来の学校経営様式の通用性についての限界が意識されている。子供に短期日に生起する困りごとに効果的に対応するためには，現場第一線の教職員チームに大幅に裁量を委譲し（分散型組織），当該校の使

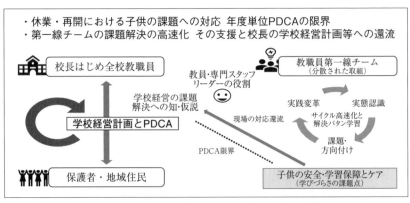

図9-2　With コロナ期における新しい校内運営方式

命・目標・ビジョンを明確化・共有化したうえで，子供（たち）をめぐる危機の情勢判断（実態認識）に即した「実態認識─課題設定・方向づけ─実践変革・検証」サイクルを高速化する（校長等の管理職は，第一線チームに裁量・役割を分散するとともに，その課題認識や成果を学校経営計画に還流させる）ことが重要となる。そのなかで教員に対しては，年齢経験の別なく，これまで以上に他教員・専門スタッフ等との現場課題に関わる意思疎通を活性化し，教職員集団での解決策を考案・試行していく姿勢・行動が期待されるところとなっている（図9-2）。その点で，学校の多職種化・チーム学校を先行して進めたアメリカの実践やその考え方（教職員チームによる高度な課題解決を指向）に学ぶ点は多い。

（本章第1節は，大野裕己「新たな学校像における教育の専門性（1）─アメリカの事例から」『日本教育経営学会紀要』第59号所収，2017年（（日本教育経営学会第50回大会課題研究報告））を下敷きとして執筆した。）

学習課題

（1）　任意の自治体のウェブサイトを参照して，当該自治体における学校の専門スタッフ等の配置状況や活用の工夫について調べてみよう。

（2）　特色ある教育活動を展開できている学校，または学校ボランティア等で訪問した学校等の学校要覧等をもとに，学校の専門スタッフ等の配置を確認するとともに，教職員間の協働の工夫がどのように図られているか検討してみよう。

参考文献

小松明希子・橋本昭彦「アメリカ合衆国の公立学校における教育補助スタッフの配置状況」『Co-teaching スタッフや外部人材を生かした学校組織開発と教職員組織の在り方に関する総合的研究（外国研究班）最終報告』国立教育政策研究所2012年度プロジェクト研究報告書（2013年）pp. 3-19

篠原清昭「学校事務と法」同編『学校のための法学（第2版）』（ミネルヴァ書房，2008年）pp.59-82

篠原清昭・大野裕己編『With コロナの新しい学校経営様式』（ジダイ社，2020年）

中央教育審議会答申「チームとしての学校の在り方と今後の改善方策について」（2015年）

中留武昭『学校経営の改革戦略』（玉川大学出版部，1999年）

National Center for Education Statistics, *Digest of Education Statistics 2013*, 2015.

第3部　教員の職場—誰と働いているのか？（3）

10 | 保護者との信頼構築

露口健司

《目標＆ポイント》　本章では，教員と保護者との信頼構築の方法について検討する。最初に，学校（教員）と保護者との信頼関係を捉える理論である本質的信頼，契約的信頼，関係的信頼について説明する。次に，保護者のカテゴリー化と各カテゴリーに応じた信頼構築の戦略的視点について説明する。さらに，学校を信頼する保護者，不信感を持ちやすい保護者の特徴を明らかにし，最後に，信頼構築において最も重要なポイントである学校参加と保護者ネットワーク参加の方法について検討する。

《キーワード》　信頼される学校，関係的信頼，契約的信頼，保護者のカテゴリー化，信頼構築戦略，学校参加，保護者ネットワーク

1. 学校（教員）— 保護者の信頼感

（1）　信頼される学校（教員）とは？

　近年，多くの学校において，「信頼される学校」づくりの概念がビジョンに登場している。その定義は，学校ごとに多様である。ある学校では，「子供にとっては，行きたい学校。保護者にとっては行かせたい学校。地域住民にとっては行ってみたい学校。そして，教職員にとっては働きたい学校」を，信頼される学校の姿として描いている。

　学校（教員）としては，保護者からの信頼を得ているかどうか大変気になるところである。信頼には，社会システムにおける潤滑油として機

能し，監督や行動統制にかける時間的コストを縮減する効用がある。また，協力関係を促進する機能，秩序を維持する機能，組織や社会のパフォーマンスを高める機能等も，信頼の効用である。保護者からの信頼が得られていない学校では，これらの機能が損なわれているわけであるから，教育活動は円滑に進まない。保護者への対応や調整において，膨大なコストが生じる。学校組織の教育活動の質を大幅に低下させるリスクを含んでいる。学校（学級）経営において信頼構築をビジョンに掲げることは，極めて妥当な選択であると言える（露口，2012）。

（2）　期待と協力

　保護者が学校を信頼する。この言葉には，まず第1に，学校に対する「期待感」の意味が含まれている。学校に行っている間は保護者のコントロールが及ばないため，保護者にとっての不確実性は大変高い。保護者の願い通りに，子供が充実した学校生活を送れるかどうか，不安である。そうした状況下にあっても，学校は子供をしっかり指導してくれると期待感を抱き，学校に託そうとする意識・態度が，期待感としての信頼である。

　しかし，学校教育（特に小・中学校）において，保護者の信頼を期待感に限定し理解することには問題がある。期待感に焦点をあてた定義では，生活習慣等の家庭で為すべきことも含めて学校に期待する保護者は，学校を信頼している保護者となる。学校と保護者との信頼とは，保護者の委託内容を学校が履行することによって形成される信頼ではなく，双方の相互依存関係を前提とした信頼である。相手に対する期待感とともに協力的態度が認められないと，保護者と学校（教員）の関係は，信頼関係にあるとは言えない。

（3） 学校（教員）— 保護者の信頼観の類型

Bryk and Schneider（2002）は，学校（教員）と保護者との信頼を，本質的信頼（organic trust），契約的信頼（contractual trust），関係的信頼（relational trust）の3点において捉えている。

本質的信頼とは，学校（教員）の社会的地位が高く，保護者による教員の専門性への畏敬の念が強い状況下において成立するものであり，教育は専門家である教員に任せ，保護者は口出しすべきではないとする他者依存性の強い信頼関係を意味する。

契約的信頼とは，保護者の委託（期待）内容を学校が履行（応答）することで成立する信頼関係を意味する。この信頼概念に従えば，保護者は学校（教員）にとっての顧客であり，学校選択の権利を持ち，学校運営や授業を評価する主体として位置づけられる。「クレーマー」や「モンスター」等のバズワードは，保護者を顧客と仮定する学校経営論の副産物である。

関係的信頼とは，学校（教員）と保護者が共通の目標に向けて，互いに期待感を持つとともに，協力的態度で接する信頼関係を意味する。学校と保護者の関係を，中長期的な相互依存関係として捉える概念である。学校と保護者のいずれの機能が低下しても，子供の教育はうまくいかないとする立場をとる。

Bryk and Schneider（2002）は，本質的信頼は現代の学校文脈では成立が困難な実態を指摘し，また，契約的信頼を基盤とする市場志向の学校経営が十分に機能していない実態を指摘している。結論として，関係的信頼を，これからの学校組織が目指す理想的な姿として位置づけている。本章では，近年の信頼研究の基盤的研究として位置づいているBryk and Schneider（2002）の見解に依拠し，関係的信頼の概念によって，学校（教員）と保護者の信頼関係を捉えることとする[1]。

1）関係的信頼の概念は，山下（2021）においても学校選択制度の目的実現のために重要な要因として，調査モデルに活用されている。

2．保護者のタイプと対応戦略

（1）　学校には様々な保護者がいる

　校区には様々な保護者がいる。期待と協力の2軸で考えると，保護者集団はおよそ4つのカテゴリー（9つの下位グループ）に分類できる（図10-1）。第1は，学校に対して高い期待を持ち，参加的・協力的態度も高い「適応」の保護者である。学校を信頼している保護者とは，このカテゴリーの保護者を意味する。「適応」は，学校に対する愛着と一体感が非常に高い少数の「高信頼型」と，一般的な学校支持者である「一般信頼型」に細分化できる。第2は，学校に対する参加的・協力的態度を示しつつも，一方でなんらかの不満を保持している「葛藤」の保護者である。「葛藤」は，特に指導面での不満が顕在化している「学校不適応型」と，高学歴・学校歴への要求水準が極めて高い「高学歴志向

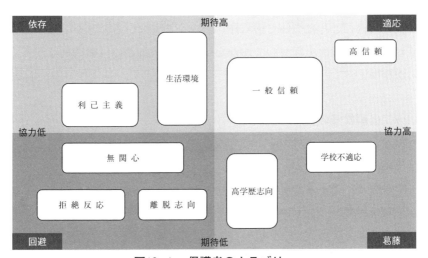

図10-1　保護者のカテゴリー
出典：露口（2012：230）を筆者修正

型」に細分化できる。第3は，学校に対して高い期待感を示すが，参加的・協力的態度が脆弱な「依存」の保護者である。「依存」は，家庭の事情でやむを得ず参加・協力が困難な状態にある「生活環境型」と，自分の子供に対する関心は示すが，全体的な参加的・協力的態度が極端に低い「利己主義型」に細分化できる。第4は，学校に対する期待感も参加的・協力的態度ともに脆弱な「回避」の保護者である。「回避」は，子供の教育に対する関心が生活環境の悪化等と連動して著しく低下している「無関心型」，学校に対する不満が攻撃性に変わりつつある「離脱志向型」，学校に対して強い不満を持ち，学校との関わりを断とうとしている「拒絶反応型」に細分化できる。こうした保護者区分に従えば，信頼される学校とは，これらのうち，「適応」に所属する保護者の比率が高い学校であると説明することができる。

　なお，「回避」の保護者は，一見，学校にとって「困った保護者」と映るかもしれない。しかし，露口（2012）では，回避の保護者こそが，子供の教育のことについて最も深い悩みを抱えていることを明らかにしている。この側面を理解しておかないと，保護者との信頼構築はうまくいかない。

（2）　信頼構築の戦略的視点

　保護者の信頼を獲得するための視点は，およそ次の4点に集約できる（露口，2012）。

　すなわち，第1は，有能性の視点である。これは保護者が期待する能力を学校組織が有しているかどうかを問う視点である。例えば，保護者が学力向上を望んでいる校区において，そのためのシステムが整備されていなければ，保護者は失望するであろう。また，落ち着いた学習環境での学校生活を期待している保護者は，学校・学級が荒れることに失望

するであろう。部分的な脆弱性があっても，効果的なリーダーシップや高いチームワークでそれをカバーするようなシステムが形成されていれば，「有能性」は高く評価される。

　第2は，公開性の視点である。これは保護者にとっての需要度の高い情報が積極的に提供されているかどうかを問う視点である。保護者は，日常の子供の様子，子供の成長・変化の様子，学校・教師の素晴らしさ，そして，学校にとっては出しにくいネガティブな情報等を求める。学校組織は，保護者や地域に対する効果的な広報の仕方を検討する必要がある。また，教員との交流活動を保護者は望んでいる。交流活動については，特に学校の支持者である「適応」の保護者が強く求めている。支持者の保持において，直接対話は非常に重要な意味を持つ。

　第3は，誠実性の視点である。信頼構築においては，保護者の事情を理解した上での，迅速かつ丁寧な対応が求められる。危機的場面だけでなく，日常的な情報交換やコミュニケーション場面における誠実な対応の積み重ねが，信頼構築につながる。

　第4は，充実性の視点である。保護者が学校を信頼するかどうかは，学校行事やPTA活動で学校に関わったときの充実感によって大きく影響を受ける。子供の成長の様子をあまり感じない，見応えのない学校行事，徒労感あふれるPTA活動は，信頼を大幅に損ねる。保護者が学校に参加した折に，人々と関わって汗をかき，保護者相互のつながりをつくることで，充実感は高まる。

　計量分析では，これらの4次元のうち，小・中学校ともに誠実性と充実性の視点に立った戦略が，信頼構築において特に高い効果を有することが確認されている（露口，2012）。双方に共通するのは，人と人との直接的な関わり合いを象徴した次元という点である。

3. 学校を信頼する保護者の特徴

　それでは，学校（教員）を信頼する保護者には，具体的にどのような特徴が認められるのであろうか。この点については，複数の研究が報告されている。以下，6点紹介する。

　第1は，学校・学級に足を運び，見に来ている保護者である。例えば，露口（2016）では，学級での授業や学校行事の様子を見て学校（教員）を理解している保護者は，学校信頼得点が高いという実態を明らかにしている。期待感や協力的態度を形成する前段階として，学校・学級に足を運び，現実をしっかりと見てもらうことが，信頼構築の第一歩であることが示唆されている。

　第2は，学校（教員）との対話である。露口（2016）は，学級担任との対話を通して学校（教員）を理解している保護者は，学校信頼得点が高いという実態を明らかにしている。また，Adams and Christenson（2000）は，教員との対話満足度が，保護者による学校信頼を決定することを検証している。学校（教員）との対話において特に重要な視点は，誠実性であろう。学校（教員）が，保護者の実情を理解した上で，誠実な態度で対話を進めることで，信頼醸成が促進される。

　第3は，学校（教員）の有能性を理解している保護者である（露口，2012；Tsuyuguchi & Kuramoto，2014）。落ち着いた学習環境ができている，教員の指導力が高い，学校改善が着実に進んでいる学校に対して，保護者は期待感を抱く。また，教員の努力水準の高さを認知することで，協力的態度の水準も高まる（先生方がこれだけ頑張っているのなら，我々も!!）。学校（教員）の有能性の理解は，直接的な対話や参観以外にも，学級通信や学校通信等による情報提供・情報公開に基づき形成されている（露口，2016）。

　第4は，子供に学校適応状況が認められている保護者である。個人レベルデータでは，子供の学力と保護者による信頼の間に相関性は認められていないが，子供の出席状況（Adams & Christenson, 2000）や学校への所属意識（Adams, Forsyth, & Mitchell, 2009）等の学校適応要因は，保護者の信頼に影響を及ぼすことが確認されている。

　第5は，保護者ネットワークに参加している保護者である。保護者ネットワークの指標としては，保護者が自分の子供の友達の保護者を互いに認知し合っている「世代間閉鎖性（intergenerational closure）」（親と子の二世代間にわたる閉鎖的ネットワーク）が有名である（Coleman, 1988）。これは，子供相互と保護者相互の複数世代にわたって結束的・閉鎖的なネットワークを形成している状況を示す概念である。保護者ネットワークに参加し，頻繁に顔を合わせ，協力的活動を継続することで，子供・学校・地域のための貢献行動を重視する愛他的規範や相互支援に価値を置く協力的規範が醸成される。これらの規範が定着している保護者集団は，学校行事やPTA活動に積極的に関与し，学校の実態や教員の努力を理解し，期待感を高めている。保護者ネットワークに参加できていない孤立傾向の保護者，すなわち，愛他的・協力的規範に触れる機会が乏しい保護者は，学校（教員）との信頼関係の醸成が困難であることが，先行研究において検証されている。また，保護者間だけでなく地域住民との間にもネットワークを形成し参加していることも，学校（教員）信頼度の高い保護者の特徴であることが確認されている（露口，2012；Tsuyuguchi & Kuramoto, 2014）。

　第6は，保護者の家庭属性要因，すなわち，家庭の経済的特性（Goddard, Tschannen-Moran, & Hoy, 2001）や家族構成特性（露口，2012）である。家庭の厳しい経済状況は生徒の低学力水準と結びつきやすい。そのため，経済的階層が相対的に低位の地域では，教員・保

護者・生徒が低学力の責任の所在について非難し合う傾向が認められる。その結果，相互の信頼関係を損ない，学力水準をさらに低下させる負のスパイラルに陥るという実態が，Goddard et al.（2001）において指摘されている。また，露口（2012）では，1人親家庭や母親就労といった家族構成特性が，学校に関わる時間的余裕を抑制し，保護者間や地域内での孤立につながりやすいことを明らかにしている。また，子供が学校・学習に適応している場合は「依存」傾向の関与態度となり，適応していない場合は「回避」傾向の態度を取りやすいことが指摘されている。ただし，日本の場合は，保護者による学校（教員）信頼認知に対する家庭属性の影響はそれほど強くはないとする調査結果が報告されている。例えば，Tsuyuguchi and Kuramoto（2014）では，共働き家庭率，1人親家庭率，生活保護家庭率，通塾率等の家庭属性による学校（教員）信頼への影響を検証しているが，これらの要因はいずれも学校（教員）信頼の重要な決定要因ではないとする結果が報告されている。

4．学校参加と保護者ネットワーク参加

　学校（教員）を信頼する保護者の特徴とは，学校・学級に参加し，子供の様子を見ている保護者，学級担任等の教員と対話している保護者，直接対話・参加によって得た情報，学級通信や学校通信等の情報から学校（教員）の努力と有能性を理解している保護者，我が子が学校に適応している保護者，保護者ネットワークを通して協働活動に参加している保護者，ということになる。単純化すれば，「学校参加」と「保護者ネットワーク参加」を実践している保護者ということになるであろう。以下，学校信頼の決定要因とも言えるこれら2点について，近年の研究動向を整理しておきたい。

（1）　学校参加

　Brito and Waller（1994）は，学校参加とは，何らかの所用で学校を訪問することから，高頻度での教師への相談，学校ガバナンスへの関与までを含む幅広い概念であるとしている。Park and Holloway（2017）は，保護者の学校参加を，「私財としての学校参加（private-good parental involvement）」と「公共財としての学校参加（public-good parental involvement）」に区分している。前者は，参観日や個人懇談等，「自分の子供のための学校参加」を意味する。これに対して，後者は，PTA 活動，ボランティア活動，学校行事支援等，「子供たちのための学校参加」を意味する。学校参加とは，保護者が学校を訪問することで，我が子の教育に有益な「私財」と校区の子供たちの教育に有益な「公共財」を拡充する行為なのである。

　保護者の学校参加は，学校（教員）との信頼構築だけでなく，子供の教育効果を高める上でも重要である。保護者の学校参加は，学力向上，学校適応，退学抑制，大学進学等の多面的な教育効果を持つとする研究結果が報告されている（露口，2020）。さらに近年では，保護者の学校参加の効果は，教員の働き方に対しても及ぶことが明らかにされている。保護者ボランティア等の学校参加は，教員にとって働きやすい環境を整え，授業に集中しやすい環境を整備するため（Brent，2000），教員の指導の質を高める可能性を有している（Walsh，2008）。また，学校に参加する保護者は，学校の努力をより深く理解し，子供の教育，学校の教育方針，管理職，教員，友人に関する豊かな情報を得るため，子供の教育効果のみならず，保護者自身の成長やウェルビーイングの上昇（露口，2017）にも寄与することが指摘されている。

　学校参加の効果についてのエビデンスが蓄積されるなかで，誰が学校に参加し，誰が参加していないのか，なぜ学校に参加できないのかと

いった課題意識を持った研究が進展している。例えば，社会経済的背景が厳しい家庭（低 SES；low socioeconomic status）では，家計（経済的ゆとり）と時間の制約により，学校参加が制約されることが明らかにされている（Cooper，2010）。経済的ゆとりと時間的ゆとりの制約は，日本においても，保護者の学校参加の制約要因であることが判明している（末冨，2005；露口，2012）。一方，豊かな社会経済的背景の家庭（高 SES）では，学校参加率が高いこと，高 SES 家庭の比率が高い学校では，保護者の PTA 参加率とボランティア参加率が高いこと，大学卒業以上の学歴を有する者は，PTA 活動に従事する確率が高いことも明らかとなっている（露口，2020）。さらに，Park and Holloway（2017）では，白人家庭，伝統的家庭（両親がいる），年齢が高い保護者において，学校参加率が高いとする結果が得られている。日本では，松岡（2015）が，学歴（大学・大学院）と世帯収入が，保護者の学校参加に正の影響を及ぼし，母親の就業形態が「常勤」の場合に負の影響を及ぼすことを明らかにしている。世帯収入，学歴，就業形態，人種，家庭構成等の SES や個人・家庭属性によって，保護者の学校参加は少なからず影響を受けていることが分かる。日本の調査では，家庭属性要因による学校（教員）信頼への直接効果は認められなかった（Tsuyuguchi & Kuramoto，2014）。しかし，家庭属性要因は，学校（教員）信頼に対して直接影響を及ぼすのではなく，学校参加を媒介して間接的に影響を及ぼしている可能性が高いと言える。

　民主化の名の下で参加自体を目的とするイデオロギーとしての学校参加論ではなく，子供と保護者のウェルビーイングの実現を目的とするサイエンスとしての学校参加論への関心が高まりつつある。

（２）　保護者ネットワーク参加

　保護者ネットワークについては，Coleman（1988）における世代間閉鎖性の提起以降，ソーシャル・キャピタル研究やネットワーク研究において注目されてきた。保護者ネットワークは，子供に対する効果の研究が主流であり，学力向上，問題行動の抑制，大学進学等の効果が検証されている（露口，2020）。保護者ネットワークは，教育効果だけでなく，保護者の学校参加に対しても影響を及ぼすと考えられる。保護者相互のつながり，すなわち，学校に行けば誰か知り合いがいるという状況が，保護者による学校への訪問を容易かつ意欲的にするのではないだろうか。Li and Fischer（2017）は，因果推論を可能とする方法を用いて，１年生時点での保護者ネットワークが３年生時点での学校参加に影響を及ぼすかどうかを検証している。さらにこの研究では，保護者ネットワークが地域レベルのSES問題（地域貧困率，１人親家庭比率，失業率，人種比率等）を緩衝する可能性を，分析結果から引き出している。すなわち，低SES地域の保護者は，保護者ネットワークが弱いと学校参加を抑制するが，保護者ネットワークが強い場合は，学校参加を積極的に行う。一方，高SES地域の保護者は，保護者ネットワークが弱い場合でも強い場合でも，学校参加にそれほど大きな差はないことを明らかにしている。日本においても，保護者の学校への協力度が，地域の困難さ（１人親家庭率，生活保護・就学援助受給率，子供の学力水準等）ではなく，保護者ネットワーク（世代間閉鎖性・相談ネットワーク・地域住民とのネットワーク）によって説明されることが明らかにされている（Tsuyuguchi & Kuramoto, 2014）。

　学校参加は家庭属性要因によって影響を受けるのであるが，その影響を緩和する機能を，保護者ネットワークは有している。時間時・経済的ゆとりが乏しい保護者であっても，保護者相互のつながりがあれば，学

校参加を優先する。また，学校参加による協働活動を通してネットワークに深まりと広がりが生じる。学校参加と保護者ネットワークとの相乗効果が，学校（教員）信頼を決めるというメカニズムが，学区には埋め込まれているのである。

（3）　保護者ネットワークの生成

　それでは，保護者ネットワークは，どのようにすれば拡充できるのであろうか。近年，個人情報保護の過剰反応による保護者の分断化，保護者の就労による学校参加の困難化，PTA活動への不満蓄積（非加入），業務改善過程での保護者との協働活動を含む行事の廃止等，保護者ネットワークを脆弱化させる動きが進行している。ネットワークの拡充路線の選択は厳しい状況にある。しかし，既述したように，保護者ネットワークには様々な効能がある。科学的根拠も豊富である。保護者ネットワークの喪失は，米国の事例を鑑みると，恐怖にさえ思われる。Putnam（2015）は，地域の大人たちが「我らの子供」として子供たちに関心を持ち，関与することの社会的価値（地域再生や機会格差の是正）を指摘している。地域の大人の分断と子供たちへの無関心は，子供の健全育成におけるセーフティネットの崩壊を意味する。犯罪発生率は上昇し，住民は減少し，地域崩壊と格差社会がその地域に根づく。保護者ネットワークの解体は，Putnam（2015）が描く地獄絵図を想起させる。

　保護者がバラバラに離散している状態，孤立している状態は，学校に対して良いことは何一つ無い。「保護者ネットワークからの学校参加」を促進することの価値を，今一度，学校だけでなく行政・民間企業等を含めて問い直す必要がある。保護者ネットワークを拡充する具体的な方法については，枚挙にいとまが無い。様々な事例が，学校教育・社会教

育の実践・研究分野から報告されている。様々な効果的事例の共通点は，ネットワーク拡充における「協働活動」の機会設定であろう。保護者相互あるいは保護者と地域住民が，同じ目標に向けて共に協力する経験を蓄積することで，ネットワークの量と質が向上する。「協働活動」の設定は，小学校の場合は低学年において力を入れて実施すべきである。竹森（2019）は，保護者が直面する小1プロブレムとして，つながりが充実していた幼稚園・保育所期から，子供が小学校に進学することで，ネットワークが機能不全となる実態を描いている。保護者は，幼稚園・保育所期のつながりを好意的に捉えており，小学校においても必要なものであると捉えている。Li and Fischer（2017）は，小学校1年生時点の親のネットワークが3年生時点での学校参加に影響を及ぼすとしている。小学校進学時点での，保護者ネットワーク整備の価値についてのエビデンスが蓄積されつつある。優先順位を上げて実践する課題であると考えられる。「協働活動」は，ただ設定すればよいというものではない。「協働活動」が非計画的であり，主催側の意欲が感じられない場合には，「協働活動」は形骸化する。質の低い活動に参加する保護者は，徒労感と負担感を覚え，「協働活動」への抵抗感が生まれる。「協働活動」の質の向上を使命とするのが，コミュニティ・リーダーとしての学校管理職，PTA組織，そして，地域コーディネーター等のチーム学校専門スタッフである。質の高いやりがいある協働活動の実践蓄積を通して，保護者相互のつながりを広げ・深める戦略が学校組織には必要であると言える。

　「保護者ネットワークから学校参加」への道筋を考える際に留意しなければならないことは，社会的経済的階層問題以外に，学校参加が困難な保護者への対応である。例えば，障害を持つ保護者や外国籍の保護者等である。保護者ネットワークや学校参加の程度が教育効果（格差是正効果）に影響するのであれば，こうした人々のネットワーク拡充や学校

参加のための手立てを検討する必要がある。米国では，社会正義リーダーシップ（social justice leadership）の実践によって，こうした困難な状況におかれる人々につながりをつくり，ウェルビーイングを高めていく戦略を構築し，実行することが，教育リーダーの使命として示されている（DeMattews, Edwards, & Rincones, 2016）。

学習課題

（1）　学校（教員）と保護者が信頼関係を築くことの意義・価値は何か，考えてみよう。

（2）　学校（学級）の保護者と信頼関係を構築するためには，具体的に，どのような方法があるか，考えてみよう。

参考文献

末冨芳「クラブ財化する公立学校とメンバーシップ問題―分権的教育改革における受動的メンバーの位置付け―」『日本教育行政学会年報』31，（2005年）pp.133-150

竹森香以「学校信頼と保護者ネットワーク―小学校1年生の保護者へのインタビュー調査から―」露口健司『ソーシャル・キャピタルで解く教育問題』（ジダイ社，2019年）pp.130-149

露口健司『学校組織の信頼』（大学教育出版，2012年）

露口健司『「つながり」を深め子どもの成長を促す教育学：信頼関係を築きやすい学校組織・施策とは』（ミネルヴァ書房，2016年）

露口健司「学校におけるソーシャル・キャピタルと主観的幸福感：「つながり」は子どもと保護者を幸せにできるのか？」『愛媛大学教育学部紀要』64，（2017年）pp.171-198

露口健司「保護者ネットワークと学校参加モチベーション」『学校改善研究紀要』3，（2020年）pp.21-36

松岡亮二「父母の学校活動関与と小学校児童の学校適応―縦断データによる社会関係資本研究―」『教育社会学研究』96，（2015年）pp.241-260

山下絢『学校選択の政策評価―教育における選択と競争の魅惑―』（勁草書房，2021年）

Adams, K.S., & Christenson, S.L. (2000). Trust and the family-school relationship examination of parent-teacher differences in elementary and secondary grades. *Journal of School Psychology*, 38(5), pp.477-497

Adams, C.M., Forsyth, P.B., & Mitchell, R. M. (2009). The formation of parent-school trust: A multilevel analysis. *Educational Administration Quarterly*, 45(1), pp.4-33

Brent, B.O. (2000). Do schools really need more volunteers? *Educational Policy*, 14, pp.494-510

Brito, J. & Waller, H. (1994). Partnership at a price? In Merttens, R., Mayers, D., Brown, A., & Vass, J. (Eds.) *Ruling the margins: Problematizing parental involvement*. London: Institute of Education, University of London, pp.157-166

Bryk, A.S., & Schneider, B. (2002). *Trust in schools: A core resource for improvement*, Russell Sage Foundation, New York.

Coleman, J.S. (1988). Social capital in the creation of human capital. *American Journal of Sociology*, 94, pp.95-120

Cooper, C.E. (2010). Family poverty, school-based parental involvement, and policy-focused protective factors in kindergarten. *Early Childhood Research Quarterly*, 25, pp.480-492

DeMattews, D.E., Edwards Jr., D.B., & Rincones, R. (2016). Social justice leadership and family engagement: A successful case from Ciudad Juárez, Mexico. *Educational Administration Quarterly*, 52(5), pp.754-792

Goddard, R.D., Tschannen-Moran, M., & Hoy, W.K. (2001). A multilevel examination and effects of teacher trust in students and parents in urban elementary schools. *The Elementary School Journal*, 102(1), pp.3-17

Li, A., & Fischer, M.J. (2017). Advantaged/disadvantaged school neighborhoods, parental networks, and parental involvement at elementary school. *Sociology of Education*, 90(4), pp.355-377

Park, S. & Holloway, S.D. (2017). The effects of school-based parental involvement on academic achievement at the child and elementary school level: A longitudinal study. *The Journal of Educational Research*, 110(1), pp.1-16

Putnam, R.D. (2015). *Our Kids: The American dream in crisis*. Simon & Schuster; NY. (柴内康文訳『われらの子ども―米国における機会格差の拡大―』，創元社)

Tsuyuguchi, K., & Kuramoto, T. (2014). Parent networks as determinants of relational trust. *Bulletin of Faculty of Education in Ehime University*, 61, pp.57-69

Walsh, P. (2008). Are involved parents providing public goods or private goods? *Public Finance Review*, 36, pp.678-705

第3部　教員の職場─誰と働いているのか？（4）

11 ｜ 保護者・地域と連携・協働する教員

諏訪英広

《**目標＆ポイント**》　本章では，「地域とともにある学校」づくりにおける教師・保護者・地域住民等との新たな関係性について，コミュニティ・スクールの推進という視点から記述・検討したい。
《**キーワード**》　地域とともにある学校，教師・保護者・地域住民等との関係性，コミュニティ・スクール

1.「地域とともにある学校」とは何か

（1）　教師の職務上のパートナーの広がり

　日本における近代学校の成立以来，学校が学齢期の子供の教育の多くの部分を担ってきていることは言を待たないであろう。子供は，1日の多くの時間を学校という場で同級生や教職員とともに過ごす。一方，視点を教師に移すと，これまで，教師は，学級担任・教科担任・校務分掌担当者として，子供の教育や各種職務にあたってきているところである。仮に，「誰と働いているか？」「職務上のパートナーは？」と問われるならば，「管理職を含む同僚集団」と速やかな回答がなされよう。しかし，こんにち，教師の職務上のパートナーは，学校内の同僚から学校外の関係者へと広がりを見せてきている。その背景には，これから子供が生きていく社会の特徴（不確実，複雑，予測不可能等）を踏まえたとき，子供に様々な資質・能力を身に付けさせるために，教師の力だけでは限界

があることが想定される。つまり，社会総がかりで子供を育て，ひいて
は，少子高齢・人口減社会における社会づくり，地域づくりにつながる
教育が求められるのである。このような新たな教育の志向性を示す考え
方・理念が「地域とともにある学校」づくりである。

（2）　「地域とともにある学校」の展開

　2006年に改正された教育基本法において，「学校，家庭及び地域住民
その他の関係者は，教育におけるそれぞれの役割と責任を自覚するとと
もに，相互の連携及び協力に努めるものとする」（第13条）という条文
が新規定された。このことにより，子供を育成するという共通の目的の
ために，学校は保護者（家庭）や地域住民等と連携を深め，協働を促進
することが強く求められるようになった。本規定を現実化させるための
考え方・理念が「地域とともにある学校」と言える。

　この理念には前史があり，臨時教育審議会答申（1984年～1987年）を
契機に広まった「開かれた学校」をさらに発展させたものである。「開
かれた学校」づくりを進めるために最初に採用された制度は，「特別非
常勤講師」（教育職員免許法 1988年 第3条の2）であり，地域の教育
力の活用の一環として教員免許を持たない地域外部人材が教科の一部を
担当することができるとされた。また，この頃から，保護者や地域住民
による部活動の外部コーチ，授業や特別活動の特別講師，登下校時の見
守りや安全パトロール等の学校支援ボランティアの活動が行われるよう
になった。また，2000年の学校教育法施行規則改正（第49条）によって
導入された学校評議員制度は，教育に関する理解及び見識を有する保護
者や地域住民等が評議員となり，校長の求めに応じて学校運営に関して
意見を述べることができるというものである。さらに，先の教育基本法
改正を受けて導入された「学校評価制度」（学校教育法 2007年 第42条）

は，学校として組織的・継続的な改善を図り，保護者・地域住民等から理解と参画を得て学校・家庭・地域の連携・協力による学校づくりを進めるために，学校による自己評価，保護者など学校関係者による学校関係者評価，評価結果の設置者への報告を行うというものである。いずれの制度・政策とも現在も継続されている。これらの制度・政策では，学校外部者による教育への参加・参画が期待されているところであるが，総じて，学校の求めに応じた協力や意見の提示，学校運営への部分的参加にとどまっている側面が強い。

　そのような状況のなか，中央教育審議会答申「新しい時代の教育や地方創生の実現に向けた学校と地域の連携・協働の在り方と今後の推進方策について（答申）」（2015年）によって，一歩踏み込んで，学校と地域住民が教育目標やビジョンを共有して，一緒に協働するパートナーとなることが目指されるようになった。具体的には，地域全体で学校を支えるための「地域学校協働本部」の設置，保護者や地域住民が学校運営に参画する「コミュニティ・スクール（学校運営協議会制度）」の推進の提案である。これらは，子供の教育という共通の目標に向けて協働することによる「学校を核とした地域づくり」をねらったものであり，政府の掲げる「地方創生」の一環としても位置づけられている。また，中央教育審議会「チームとしての学校の在り方と今後の改善方策について（答申）」（2015年）では，スクールカウンセラーなどの専門スタッフの他に，保護者や地域住民なども「チーム学校」の一員として協働することが求められている。保護者や地域住民がパートナーとして学校と協働することで，学校教育の在り方を変えようというものである。すなわち，両答申によって，子供の教育のために，保護者や地域も積極的に学校と連携・協働することによって学校教育の在り方を変え，さらに地域の活性化を図ることが強く目指されたのである。そして，「地域とともにあ

る学校」づくりを強く推進することを期待される制度・仕組みが前記したコミュニティ・スクール（以下「CS」）である。そこで，次節では，CSとはいかなる制度・仕組みであるか紹介し，期待される効果等について考えたい。

2.「地域とともにある学校」づくりを推進する コミュニティ・スクール

（1）　コミュニティ・スクールの概要

　2000年12月，「21世紀の日本を担う創造性の高い人材の育成を目指し，教育の基本に遡って幅広く今後の教育の在り方について検討する」ことを目的として設置された内閣総理大臣の私的諮問機関である教育改革国民会議は，「教育を変える17の提案」において，「新しいタイプの学校（"コミュニティ・スクール"等）の設置を促進する」として，学校—家庭—地域の連携・協力による新たな学校運営の形を提案した。同提案を受け，2004年には，地方教育行政の組織及び運営に関する法律が改正され，「教育委員会は，教育委員会規則で定めるところにより，その所管に属する学校のうちその指定する学校の運営に関して協議する機関として，当該指定学校ごとに，学校運営協議会を置くことができる。（第47条の5）」と規定された。同法によって，協議会には，校長が作成する学校運営の基本方針の承認をすること，学校運営について教育委員会または校長に意見を述べることができること，職員の任用に関して教育委員会に意見が述べることができることという3つの権限が付与されることになった。すなわち，協議会は，保護者や地域住民による学校運営への参画を促進する制度であり，協議会が設置された学校がCSと呼ばれる。その後，CSのさらなる増加を企図して，2016年には同法が改正され，教育委員会に対する学校運営協議会の設置の努力義務が課せられ

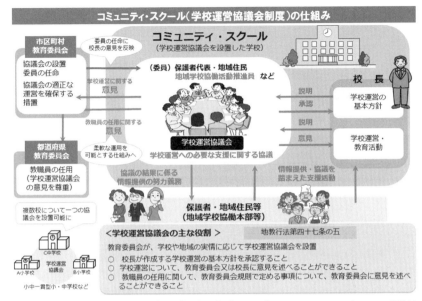

図11-1　学校と地域でつくる学びの未来・コミュニティ・スクール（学校運営協議会制度）

出典：文部科学省（https://manabi-mirai.mext.go.jp/torikumi/chiiki-gakko/cs.html）：2021年8月1日最終閲覧）

るとともに，複数校について1つの協議会の設置を可能とし，さらには，CS増加の抑制要因とされた職員の任用に関して，教育委員会規則で定める事項について教育委員会に意見を述べることができると変更した。このように，協議会は保護者や地域住民が学校運営に参画する組織であり，「地域とともにある学校」づくりを目指して，子供の育ちや学びをめぐって学校と保護者・地域が進むべき方向・ビジョンを共有し，そのビジョンを達成するための具体的活動を行う，あるいはそれを促すための仕組みである。以上の内容を図式化したものが図11-1である。

　2020年7月時点で，協議会を設置している学校数は9,788校であり，

表11-1　コミュニティ・スクールの実施状況

	導入校数	増加数 （前年度比）		導入率
幼稚園	237	40	園増	7.8%
小学校	5,884	1,266	校増	31.0%
中学校	2,721	622	校増	29.5%
義務教育学校	76	26	校増	62.8%
高等学校	668	161	校増	18.9%
中等教育学校	3	0	校増	9.1%
特別支援学校	199	72	校増	18.3%
合計	9,788	2,187	校増	27.2%

出典：文部科学省（https://www.mext.go.jp/b_menu/houdou/31/10/1422294_00001.htm）https://manabi-mirai.mext.go.jp/torikumi/chiiki-gakko/cs.html）：2021年8月1日最終閲覧）の資料をもとに筆者作成

全国の学校に占める比率は27.2％である。校種別の内訳を示したものが表11-1である。表11-1を見ると，最も導入率の高い校種は，義務教育学校（62.8％）であり，小学校（31.0％），中学校（29.5％）と続き，幼稚園（7.8％）が最も低率となっている。今後ますますの増加が期待されているところである。

（2）　コミュニティ・スクールに期待される機能・役割

　ここで改めて，CSに期待される3つの機能・役割を整理したい。その上で，それぞれにおいて，学校と保護者・地域住民との関係性に関して重要となる点を指摘する。

①学校運営

CS の中核は，協議会による学校運営への参画である。協議会は，校長が示す学校経営方針や教育課程等に関して，「熟議（熟慮に基づく協議）」を行う。学校評議員会が「求めに応じて意見を述べる」役割のみを求められていることに対して，協議会には，学校経営方針等の「承認」機能が付与されていることによる大きな権限と責任が付与される。そして，協議会で承認された事項に基づいて，以下に示す学校支援活動や地域貢献活動の方向性や具体的内容が協議・実施されていくことになる。すなわち，CS がその効果を発揮するためには，協議会が会議体として適切に機能すること，具体的に言えば，参加者（学校関係者，委員）の主体性・当事者性・責任性，参加者同士（特に学校関係者と委員間の）の対等性・相互信頼性・共感性によって特徴づけられる場であることが非常に重要であると言える（諏訪他，2021a）。

②学校支援活動

協議会で承認された，あるいは協議された事項，さらには，学校からの追加的依頼・要請に基づいて，地域コーディネーターを媒介者として，具体的な学校支援活動が行われる。例えば，ある地方市15小学校の学校支援ボランティアを対象に実施した調査（諏訪他，2021b）によれば，実施状況の高い順に，昔から伝わる伝統文化や地域の風習などを子供たちに伝える等の伝統や文化に関する講師，授業中のマルつけや読み聞かせ等の学習支援，地元の農業に関する講師や農作業体験等の農業学習支援，校庭・グラウンド等の草取りや樹木等の剪定や刈込及び校舎・校庭・プール等の掃除等の環境整備，家庭科での手縫い・ミシン縫いや音楽科での楽器指導等の学習指導，学習発表会での舞台作り・参加や授業参観への出席等の学校行事への関わり，通学路での見守りや校門でのあいさつ運動等の学校安全活動といった活動がなされている。当然ながら，

校種や学校・地域の実態・状況等によって活動内容は多様なものが考えられる。ここで重要なことは、ボランティアを非日常的なお手伝いといった限定的に捉えるのではなく、育てたい子供像等の理念共有を前提として、教師とボランティアが協働して子供の育ちや学びに関わっているという意識や関係性である。

③地域貢献活動

　先述したように、CS は社会総がかりで子供の育ちや教育を支えることを主目的としている一方で、地域創生・地域活性化への貢献も期待されている。筆者が関わっている CS においても、「地域を愛する子供の育成」を学校経営方針や目指す子供像として掲げるケースが多い。特に過疎化・少子高齢化が激しい地域・学区においては、子供が地域に関心を持ち、地域のことを知り、地域住民（特に高齢者）と触れ合う機会を増やすことは地域住民の生きがい向上等の地域活性化につながるとされる（諏訪他，2021b）。具体的な活動内容としては、地域清掃，地域行事への参加（校種によっては企画・運営までもあり得る），地域の伝統の継承活動（歌，踊り，料理等），地域づくりのためのワークショップ開催，観光ボランティア，学校行事と地域行事の共催，地域住民自身の学びのための学校授業への参加などがある（小西他，2019）。ここでも、学校と保護者・地域住民との関係性について考えた場合、前記2つの機能・役割と異なる難しさがある。それは、教師が地域貢献活動にどこまで関わり，踏み込むべきかという点である。学校の正規教育活動以外の時間・場での教師の関わりは、「教師の働き方改革」との関係から、慎重に検討される局面が多い。筆者が関わっている CS では、勤務時間外の子供の引率や地域行事等への参加を交代制（ボランティア）で行っている学校がある一方で、あくまでも地域住民と子供との関わり・交流ということで学校とは切り離しているケースが見られる。いずれにしても、

学校が担うこと，保護者・地域が担うこと，それぞれが連携・協力して
担うことなども，協議会で十分に熟議し，関係者間で理解と納得を得る
ことが重要と言える。

（3）　コミュニティ・スクールがもたらす効果

　それでは，CSはいかなる効果をもたらしているのだろうか。図11-
2は，2020年10月時点でのコミュニティ・スクール指定校の校長が抱く
成果認識の結果（「とても当てはまる」「少し当てはまる」の比率の合
計）を示したものである。図11-2によれば，全21項目中18項目におい
て肯定率が50％を超えており，特に，上位3項目は，「学校と地域が情
報を共有するようになった（87.0％）」，「地域が学校に協力的になった

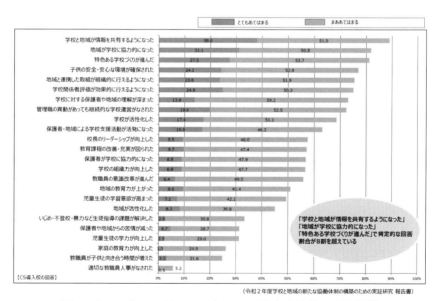

（令和2年度学校と地域の新たな協働体制の構築のための実証研究 報告書）

図11-2　コミュニティ・スクールに関する校長の成果認識

出典：コミュニティ・スクールの在り方等に関する検討会議（第1回）配布資料（文部科学省）
（https://www.mext.go.jp/b_menu/shingi/chousa/shotou/157/siryo/mext_00015.html））

（81.9％）」，「特色ある学校づくりが進んだ（81.2％）」であることが分かる。これらの結果から，協議会での熟議を通して，育てたい子供像や目指す地域像といった「目標」や「ビジョン」を共有し，学校・家庭・地域が一体となって取り組むことにより，学校・保護者・地域との信頼・協力関係，子供への好影響，教職員の意識改革等学校運営に関する様々な効果が現れていることが推察されよう。

3.「地域とともにある学校」を推進する コミュニティ・スクールの実践事例

　本節では，「地域とともにある学校」づくりを推進するCSの実際について筆者が長年関わっている2つの事例を紹介する。そして，CSにおいて教師は保護者・地域住民とどのようにつながり，どのような連携・協働が期待されるか考えたい。

（1）　X県A小学校の事例

　中規模校であるA小学校のCSは，2011年度に設置された。A小学校では，「学校改善に活かす学校評価」に取り組んできた経緯があり，学校評価とCSを連動させようとしている点に特色がある。A小学校では，「進んで学ぶ子供の育成・心豊かな子供の育成・心身とも健全でたくましい子供の育成・ふるさとA町を誇れる学校」という学校経営方針（ミッション）に基づくプロジェクト方式によって，教職員の参画による自己評価活動を行う。学校運営協議会の委員は学校関係者評価委員を兼ね，ミッション達成を支援する4つの学校支援組織（通称「スクラム21」：学び部会・笑顔部会・元気部会・ふるさと部会）のいずれかの部会に所属する。教職員も各プロジェクトの部会に所属する。つまり，学校のミッション—学校評価—学校支援活動が連動しているのである。

そして，年度はじめの授業参観及びPTA総会の日に，教職員，委員，学校支援ボランティアが一同に会する「総会」を開催し，校長の説明のもと，スクラム21の目的や今年度の活動方針が確認される。次に，部会に分かれ，育てたい子供像，子供の育ちや学びに関わる課題，今年度取り組んでみたいこと等について「熟議」を行う。部会内で発表・共有された内容は，4部会全体の場で発表・共有される。また，部会内では，部会員でもある教職員が前年度の振り返りと1年間のカリキュラムを説明し，学校として部会メンバーや学校支援ボランティアに依頼したい活動内容等を説明する。その後，地域コーディネーターが学校の希望に沿った学校支援ボランティアへの声掛けや学校との調整等のコーディネートを進めていくことになる。また，協議会では，毎回，各プロジェクトリーダーが，担当部会に関わる子供の様子や部会の活動の様子を報告し，今後の計画・展望等を話すことによって，協議会出席者全員での情報共有と今後の活動方針・内容の検討につながっていく。

（2）　X県B小学校

　極小規模校であるB小学校のCSは，2018年度に設置された。従来から地域学校協働活動が盛んであり，教職員と保護者・地域住民との距離は近かった。毎回ではないものの，全教職員が協議会にオブザーバー参加し，協議の内容をその場で知り，地域からの期待や願いを直接聞くことができる。オブザーバー参加とは言っても，「会の参加者は全員発言すること」という会長の意向もあり，教職員は会の感想，日頃子供と関わって感じていること，地域にお願いしたいこと，地域と一緒に取り組みたいことを自由に発言する。また，小グループやペアによる「熟議」を適宜取り入れることによって，協議会に参加する誰もが当事者意識をもって発言し，他者の意見や考えを聞き，皆で共有することを可能にし

ている。具体的な例で言えば，2019年度末の協議会において，次年度の指導の重点について協議した結果，子供の地域への「参加」を「参画」のレベルに高めてはどうかということで，「参画」に変わった。そして，2020年10月には，子供（5，6年生）・委員・学校関係者（校長，教頭，担任，学校事務職員＜地域連携担当教職員＞）による「Ｂをよくする座談会」が開催された。同年12月から月1回のペースで，先の会で子供が提案して決議された「地域クリーン作戦（地域清掃）」と「集いの場（地元公民館での地域住民との交流会）」が実施されている。また，Ｂ小学校にはCS専用の部屋が設置されており，例えば，放課後学習支援が終わった後，学校支援ボランティアと管理職・教職員が子供の様子や今後の支援や関わりの方向性等について話し合う。さらに，Ｂ小学校CSは隣接する幼稚園との共同設置としてＢ学園CSでもあり，協議会には幼稚園教諭も参加し，小学校と同じく園経営方針や教育課程について協議され，承認がなされる。つまり，Ｂ小学校の場合，幼小連携型であり，子供の育ちや教育を8年間（幼稚園2年＋小学校6年）で捉えているのである。さらに，近い将来，中学校も加えた3校種連携型のCSの立ち上げが予定されている。

　以上の2事例に見られる教職員と保護者・地域住民との関係性についてまとめてみたい。

　まず，両CSとも，教職員と保護者・地域住民との「熟議」によって，育てたい子供像や学校経営方針等を共有している。その上で，学校（教職員）が実践すること，保護者・地域が実践すること，両者が協働して実践することが「納得感」をもって適切に仕分けられるなど，水平性・対等性・共感性的な関係性が確立されていると言える。

　また，Ｘ県では，全ての学校において地域連携担当教職員（校務分掌）の配置が義務づけられている。Ａ小学校の場合は学級担任を持た

ない教諭（主幹教諭），B小学校の場合は学校事務職員がその任を務めている。いずれの担当者とも，地域コーディネーターと教職員との間をつなぎ，学校支援活動や地域貢献活動を円滑に進めている。すなわち，制度的・組織的な工夫がなされていると言える。

4.「地域とともにある学校」づくりにおける　　学校・保護者・地域住民との関係性

　2020年度から小学校において全面実施された新学習指導要領では，変化の激しい社会の動向に目を向け，学校の教育課程を工夫し，子供の将来を見据えた教育活動を展開することが強く求められている。その時の重要なポイントが，「社会に開かれた教育課程」の実現である。学校は，保護者・地域住民と育てたい子供像等の目標やビジョンを設定・共有し，学校内外の様々な教育資源を発掘し，引き出し，つなぎながらその学校の子供に相応しい教育課程を開発していく必要がある。本章で紹介してきた「開かれた学校」から「地域とともにある学校」に続く理念は，まさに，学校を主たる場としつつも，保護者・地域住民との連携・協働によって，子供の育ちや教育の可能性やその具体的方法を地域社会総がかりで考え，実践していこうとするものである。そのための具体的な仕組み・仕掛けがCSであるという視点から，学校とその経緯，具体的内容，実態等について考えてきた。その結果，「地域とともにある学校」づくりにおける学校・保護者・地域住民との関係性については，特に，教師の職務上のパートナーとして「同僚教員」から保護者・地域住民等に広がってきていることが明確になったであろう。そして，3者それぞれが主体性・当事者性・責任性をもって，また，3者間における水平性・対等性・共感性をもって，子供の育ちや教育に関わっていくことの重要性を改めて確認しておきたい。

学習課題

（1）　「地域とともにある学校」づくりを実現するためのコミュニティ・スクールの在り方について説明してみよう。

（2）　教師の職務上のパートナーとしての保護者・地域住民等との連携・協働の在り方について説明してみよう。

参考文献

春日市教育委員会・春日市立小中学校編『市民とともに歩み続けるコミュニティ・スクール』（ぎょうせい，2017年）

小西哲也・中村正則編『奇跡の学校―コミュニティ・スクールの可能性―』（風間書房，2019年）

佐藤晴雄『コミュニティ・スクール―「地域とともにある学校づくり」の実現のために―（増補改訂版）』（エイデル研究所，2019年）

佐藤晴雄『コミュニティ・スクールの成果と展望―スクール・ガバナンスとソーシャル・キャピタルとしての役割―』（ミネルヴァ書房，2017年）

諏訪英広・藤井瞳・田中真秀「学校運営協議会の会議運営に関する一考察―「意思形成」過程に焦点を当てて―」『川崎医療福祉学会誌』，No.31 Vol.1（2021年a）pp.171-179

諏訪英広・藤井瞳「コミュニティ・スクールの導入による地域高齢者の生きがい創出に関する研究」『教育学研究紀要（CD-ROM版）』第66巻（2021年b）pp.186-197

第4部　教員の職業─どのような職業なのか？（1）

12 | 多様なタイプの教職員で 学校教育を担う

高木　亮

《目標＆ポイント》　教員の職業を考える上で聖職性と労働者性，専門職性といった特性を理解する。その上で，職務給や職能給，さらに免許種類などの職業上の類型を理解しつつ教職を通した職能成長とキャリア発達の見通しを考える。
《キーワード》　教職における特性と類型，職能成長とキャリア発達，教師教育と生涯学習

1. 特性から考える教員という職種

（1）　日本の教職における3つの特性

　教員を「聖職」と呼ぶことを聞いたことがあると思う。多少の時代錯誤を感じながら，子供も社会も教員自身も多かれ少なかれ「教職（教員という職業）は聖職であって欲しい」と期待する。また，教員には高い専門性が求められる。1966年のユネスコ・ILOによる教員の地位に関する勧告がなされて以来，世界的にも「教員は専門職」と定義されてきた。あわせて当然ながら教員は給与で生活する労働者でもある。終戦から1970年頃までの教員の給与の低さは「でも・しか先生」[1]問題などと呼ばれ，教員志望人材の劣悪化を招くとともに，教職員組合によるストライキ[2]などの混乱をもたらした。

1）「でも・しか先生」とは大学を卒業したのに，給与が低く不人気な職である教職に「"でも"なるしかない」や「"しか"なれない」という揶揄から指摘された表現である。

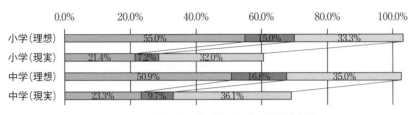

図12-1　職業特性配分の理想と現実

出典：秦政春・鳥越ゆい子「現代教師の日常性（II）」

　教員という職域（work area）において聖職性も専門職性も労働者性
も特性（特徴や因子）としていずれもが大切である。では，理想や現実
としてどれぐらいずつ，これらの3特性は教員にとって重きが置かれて
いるのであろうか。2000年実施という少し古い調査ではあるが鳥越・秦
（2003）の報告を見つつ考えていこう（図12-1）。

　秦・鳥越（2003）では，「専門性」と「聖職性」と「労働者性」につい
て，それぞれの「理想」と「現実」について，どれぐらい当てはまるか
を6件法でたずねている。「最も当てはまる」との回答比率を積み上げ
たのが図12-1である。概ね，小学校教員も中学校教員も理想の特性の
量的構成は「専門職：聖職：労働者」で5：2：3といったところであ
る。しかし，現実の自分を考えると「専門職」と「聖職」が自信のなさ
ゆえか「最も当てはまる」とは言いにくいようだ。「教員としての自分
の現実」は別にしても，「理想としての教職は，基本は専門職で多少の
清らかさと，働きやすさの合わさった仕事」であってほしいのであろう。

　上記で見たように特性とは特徴のことで，その構成の量的な大小が異
なることでタイプ分け（類型）の根拠となる。上記3点は特性であって
職業の類型（タイプ分け）ではない。つまり，教職は「聖職」や「専門

2）団体行動権は，日本国憲法第28条で，団結権と団体交渉権とともに認められた
労働三権の1つである。しかし，地方公務員法は団体交渉権を制限し争議権を禁止
しており，同様の権限の行使に代わる機能を人事院の勧告が担うこととなっている。
なお，1970年代までは「一斉に有給休暇をとる」ことで実質的なストライキが「合
法スト」と称して行われたこともあるが，これは現在，判例で違法とされている。

職」，「労働者」などと特定の「タイプの職」であるように割り切れるものではない。

（2）　教職の特性観の詳細と今世紀以降の状況

　教職における労働者性や聖職性，専門職性の歴史的な背景・経緯は先行の書籍や論考（例えば，北神・高木，2007）に譲り，ここではこれら３特性がいずれも現代において重要な課題を持つことを整理していこう。

　まず，教職の専門職性[3]であるが，この重要さに疑問が示されることはない。教員免許取得に必要な単位の科目構成や教員採用試験つまり人事権者が「次世代の我が自治体の教員に求める，最低限修養してもらいたい専門的知識・技能」の範囲・内容を考えれば，この具体的な中身が理解できよう。また，教員として就職した後も研修（研究と修養）として全国で悉皆の研修と，人事権者等で体系化することで地域での悉皆の研修と選択の研修とに分かれている教育内容がある。悉皆研修と扱われるような研修は，修養つまり基本的・標準的に必要な知識，技能及び態度・人間性に関する計画された教師教育としての傾向が強い。研究とはその字の通り個性的で稀少性のある知識，技能及び態度・人間性を研いて究めるといった個性的な学修（習）課題としての性質が強く，近年は教職大学院制度への期待もなされている。

　一方で，多少の時代錯誤的な響きがある聖職性や，逆に教員が主張することがはばかられるようにも感じられる労働者性も当然重要な意味を持つ。聖職性とは子供を教育で変えていくために，子供にも保護者にも地域住民にも影響力（パワー）を発揮できるような敬意・権威（カリスマ）を得るための特性である。俗に言えば「かっこいい」姿・雰囲気を維持することである。戦前から文学・文芸で，戦後にはテレビや漫画も

3）専門職性として，1．範囲が定まったサービス，2．知的技術，3．長期の職業教育，4．自主・自立性，5．結果責任，6．非営利的性質，7．自治的職業団体，8．具体的倫理綱領などが条件として提示されることも多い。専門職論自体が複雑で時代により変遷する傾向があるため，教員の専門職論の出発点として竹内（1972）などを参照されたい。

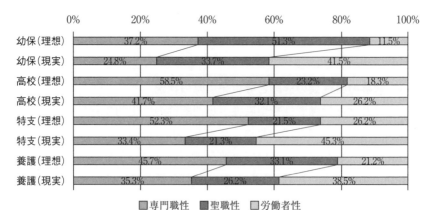

図12-2　職業特性配分の理想と現実
出典：筆者実施調査（未発表）

加わって，教員は多少の間の抜けた空回りを揶揄されつつも，概ね真面
目で子供思いの姿を期待された姿として描かれ続けている。また，1995
年の阪神淡路大震災は学校を地域の災害後の避難所としつつ，教員をそ
の場のリーダーとしての定義を定着させた。さらに，東日本大震災は学
校と教員に，災害時の子供の危機管理と緊急避難所[4]の受け皿としての
役割を拡大させている。このような期待に応えてきた敬意と権威が学校
や教員の日本社会における信頼の蓄積となっていることを理解すれば聖
職性という表現の現代的な意味も理解できよう。
　次いで，聖職性の対極とも言える労働者性も現在，重要性を増してい
る。教員の精神疾患やストレス，過剰な労働時間の問題，臨時任用教員
の給与や雇用の不安定さ，そして，定年退職を何歳と再定義するか，な
どの問題は結局のところ労働問題なのである。20世紀の末は，教員が専
門職と定義されたことで聖職性と労働者性が「時代錯誤」であるよう

4）災害対策基本法に関する概念で避難所とは，被災予防のための事前の避難から
安全が確認されるまでの事後の滞在までを担う施設を指し，緊急避難所は水害など
による切迫した状況での退避先を指す。災害の危険が高い立地である場合を除き，
学校の敷地・建物は避難所や緊急避難所に指定されやすい。

に誤解された感がある。しかし，この「時代錯誤」との誤解が30年の間に
「学校がブラック企業的」で「教員がブラック労働を強いられる職」で
あるとの社会的評価がなされるまでの状態をもたらした。学校教育の業
界は真摯に教員の聖職性と労働者性のバランスを再検討する必要がある。

　このような点を踏まえた上で，秦・鳥越（2003）では測っていない免
許種についても３特性を見ていこう。筆者の行った2009〜2017年までの
現職者向け研修でのアンケートの結果である（図12- 2）。

　基本的には秦・鳥越（2003）と同様の調査を意図しているが，「理想」
と「現実」それぞれが３特性合計で100％になるように回答を求めてい
る。その結果，労働者性が現実に自分の課題として強く求められている
ことが分かる。

　免許種によってこの３特性の違いがあるように，教員以外の教職員
（例えば，教育行政勤務者や学校事務職員，スクールカウンセラー，ス
クールソーシャルワーカー）にもそれぞれ異なる思いがあるはずである。
また，性別や年代といった人口統計学的変数や個々の勤務地域・勤務校
などでも違いが出るはずである。

2. 今，担う業務の範囲（職務）と
　　長期的な職業人としての貢献（職能成長）

（1）　職能給制度と職務給制度

　教員だけでなく日本の労働者の雇用形態として特徴的な要素が，職能
給制度である。一方，欧米は基本的に職務給制度が大卒の雇用の大勢を
占めている。日本の労働市場で前者を「キャリア採用」や「終身雇用」，
後者を「パート採用」や「ジョブ型雇用」などとも表現する。この職業
に対する２つのタイプは類型の違いである。第７章で整理したが，職務
は担当する業務の集合であり，職業に求められる役割の範囲である。こ

の職務・業務の規程を明確にした上で給与等の待遇に合意する雇用契約の制度が職務給制度である。一方，職能給制度は労働者が正規職員として採用されて以降に職業上の能力（職能）を成長させることを前提にキャリア全体を契約する雇用制度である。

日本の教員については採用試験等に合格し教論として採用されて，校務分掌で様々な職務を経験し，管理職になるなどして退職までを展望する職能給での身分が典型例[5]となっている。人事異動では教育行政や本来の採用時の学校種と異なる勤務先への配属もありうるので，入職時には想像しきれないような職務もキャリアの一時期に担うこともある。それらの年々変化する職務に適応し続けることは大変ではあるが，毎年の昇給が得られたり，解雇や雇い止めがほとんどない安定した待遇となる。そのため，日本の教員は総合職（ジェネラリスト）的職能成長を展望しやすい。

一方，海外の教員は職務給制度が主流で，別類型の職業であるとも言える。職務給では職務・業務の明確に規定された契約の範囲を担当するため，日本の教員の職務のように「児童の教育をつかさどる」（学校教育法の教論の職務規定）といった幅広い働き方は求められにくい。また，職務・業務の発展や拡大（職能成長的な展望）に伴う待遇上昇は，職務給制度では「別の職」として雇用契約をやり直すことが多く，転職（job change）と同じ扱いとなる場合も多いようだ。つまり，海外の教員は職務がある程度はっきりとしやすいため，特定領域の専門職（スペシャリスト）的性質を持ちやすい。

この2つの制度は，雇う側にとっても労働者側にとっても各々一長一短である。職務給制度は雇用の流動性を特徴とするので，給与などの待

5）日本では典型的ではなくとも，多数存在する職務給制度での教員への配慮も必要である。例えば，臨時任用教員のなかで非常勤講師つまり時間給（パートタイム）で授業などの特定の職務・業務を担う雇用形態や有期契約である講師，養護助教論である。また，平成29（2017）年の学校教育法施行規則改正で明文化されたスクールカウンセラーとスクールソーシャルワーカーは職能給での雇用が増えつつあるが，いずれも現状では職務給での雇用が主流である。

遇を高めれば即戦力を集めることができると言われ，業績評価制度に基づいて解雇なども機械的に行いやすい。一方で優秀な人材ほどその職に就いてから次の職への俗に言うところの「キャリアアップ」や今の職を「段階的な踏み台」（キャリアラダー）的に扱ったり，その原動力となる資格取得・就職活動に積極的であり，単年度で評価が難しいような腰を据えた貢献が行いにくい。このような職務給制度の長所と短所を逆転させたものが，職能給制度である。つまり，日本の教員は昇給や解雇懸念の少なさといった待遇面での優位の代わりに，「人事は人が決める事」であり「異動こそ最大の研修」との理念のもとで異動や分掌による劇的な職務の転換にも適応に努力することが前提となる。しかし，「児童の教育をつかさどる」といった曖昧さゆえに，高度な専門性を追求しにくく，解雇も含めた待遇連動の評価制度を展望しにくい。退職や就職活動が選択肢にあがりにくいからこそ，過重労働やストレス性疾患，労働災害などに陥りがちで，資格や学位取得などキャリアラダーへの動機づけは高まりにくい。

　日本の職能給制度と海外の職務給制度は，それぞれ別類型の職業という質の違いがあるため，「優れているか劣っているか」や「得か損か」の答えは出ない（海老原，2013）。これは海外の学校や教員の給与や待遇，評価制度だけでなく，教育改革や教職の改革を日本にそのまま持ち込み得ないことも意味している。

（2）　職能成長の前提となる個々人のキャリア

　公立学校では職能給制度の教職観が典型となるため，「教員採用試験に合格すれば定年まで安定した身分と給与や社会保障があり，定年後も年金が充実している」という前提に立って，ギリギリまでの職務・業務遂行と職能成長の努力を続けることが本人にとって有意義である。逆に，

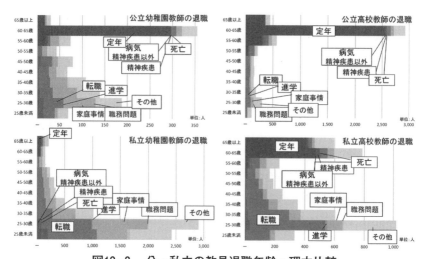

図12-3　公・私立の教員退職年齢・理由比較
出典：令和元年度『学校教員統計調査』の年代別退職理由を基に筆者作成

　そのためゆえに，在職中の積極的な資格免許取得の努力や職務・業務負荷の革新的な改善は現実的ではなくなってしまう。なぜなら職能給は数十年単位での長期的な見通しを期待しての雇用形態で，昇給や社会保障といったキャリア全体の安定が労働者側にも雇用者側にも共通の利益となるからである。そのために大学院進学などの資格・学位取得を展望したり，私生活と仕事の両立を意識した上での退職・転職などといったキャリアを切り開き選択し続けるというキャリアラダーの視点が意識から外れやすい。

　しかし，この職能給という同一類型においても，公立と私立という学校設置者・人事権者によって大きく状況が異なる。3年に1度実施される「学校教員統計調査」の学校種別・教員の年代ごとの退職理由に関する統計から，公立と私立においての対照的な退職傾向の違いを見てみたい（図12-3）。

　令和元年度『文部科学統計要覧』によれば，小学校と中学校に占める
私立学校の割合はそれぞれ１％と７％程度で例外的であり，公立を「典
型例」で私立を「例外的」と定義できる。一方，幼稚園と高校では私立
が63％と27％であり，就職先には公立も私立も「例外的」とは言えず，
典型的な勤務形態が成立しにくい。そこで幼稚園と高校の教員退職理由
について公立と私立をそれぞれ見てみよう。図12- 3 から分かるように，
私立幼稚園は定年退職まで勤める教員は稀であり，退職者の３分の２が
30代前半未満の者により構成される。私立高校は私立幼稚園ほど極端で
はないにしろ全体の半数が40代以下の退職者で占められている。私立の
幼稚園教員も高校教員も退職理由に「その他」や「家庭の事情」，「転
職」[6]が多くを占める。以上を見るかぎり，私立学校は職能給制度が公
立学校のように機能していない状況と言える。

　また，この統計には性別の記載がないが結婚や出産に際して育児に専
念するケースなどは相応に多いと考えられ，30代までに「家庭の事情」
で退職する一定の比率の大きさが私立でも公立教員でも確認できる。多
分，性別で職能給制度の「典型的な教職論」を論じきれない部分がある
のだろう。

　さらに，近年は定年退職後の再任用の比率が増したり，定年退職や年
金受給が高齢化する見通しとなっている。これからは特に類型化した教
職キャリアの「お手本」（モデル）が存在しない時代となろう。

3. 職能とキャリアにおける区切り（段階・ステージ）と務め（課題・テーマ）

（1）　教職の役割が異なる者どうしの協働，チーム学校

　成長とは望ましい量的拡大のことを意味する。身体の成長は20歳前後

---

6 ）例えば，公立幼稚園・高校の教員採用試験合格による退職理由は「転職」とな
るが，それがどれくらいの比率なのかはこの統計では分からない。が，私立幼稚園
などでは退職後に教職を敬遠するケース（潜在保育士）の増加が課題視されており，
「教職自体を去る」ケースの多さは，近年社会的な損失としても注目されつつある。

で完了し，その後は衰退を死に至るまで続ける。職業（専門）教育として教師教育を受け続けることで知識や技能，経験を蓄積し中年期以降も職能は成長を続けることができる。この未来の職能成長を見越して長期的に雇うことで最大限の職能成長と専門的で幅広い貢献を求めるのが職能給制度である。その上で，人の一生涯の成長や発達において特徴的な区切りをステージ（段階）と呼び，各段階に求められる目標や務め，課題（テーマ）を考えてみたい。

　日本の教育政策としては今のところ「養成段階」と「1〜3年段階（教員としての基盤を固める時期)」，「中堅段階」，「ベテラン段階」と4つの段階の職能成長の課題が示されている（中央教育審議会，2015）。また，中央教育審議会答申『教職生活の全体を通じた教員の資質能力の総合的な向上方策について』(2012) と題して，学びつづける教員像が強調され，中央教育審議会答申「学び合い，高め合う教員育成コミュニティ」(2015) として地域での体制づくりも提案されている。また，21世紀になって，教諭と管理職といった職位の中間部分に「ミドルリーダー」や「ベテラン」といった定義・類型化を設けつつ，経験や立場，役割の異なる者どうしの協力である協働（collaboration）が期待されつつある。これらは雇用側の職能成長への要望・指針であり，教員個々人はこれを基盤とした上で，個性的な公私のキャリア充実を設計することになる。

　また，20世紀末より，例えばカウンセリングや食育などの教員の専門性では補完しきれない専門的学校機能の要望が高まり，現在その応えとして示されているのが「チーム学校」論（例えば，中央教育審議会，2015）である。2004年の学校教育法改正により栄養教諭が，2017年には学校教育法施行規則一部改正によりスクールカウンセラーやスクールソーシャルワーカーが全国統一の職務規定がなされた職として配置可能になり，より高い専門性を協働されたチーム学校論の環境整備が整いつ

つある。しかし，これらの変化は，今後のキャリアの展望の多様性が高まることで，「お手本」がない時代がさらに加速していくのかもしれない。

（2）　研修が，同じ役割の教員どうしの協同の前提となる

　協働の対となるのが同じ役割の者どうしの協力である協同（cooperation）である。終戦以来，日本の学校は，管理職までも合わせるような教員の対等性を強調する単層構造で捉える協同の発想が強かった。職位による上意下達的な構造を薄めようとすることで，より個々の教員が自立性をもって学校を支えるという発想である。このような性質に今世紀から追加して協働が論じられている点を押さえておきたい。

　それぞれの学校内での同一教員免許という同じ職務・役割の教員に対して職能成長の課題を求める長期的枠組みが教師教育である。概ね教師教育とは養成と採用，研修などからなる。教員養成つまり教職課程は職務の専門性ごとに免許が設けられ，決まった科目の単位取得が必要である。また，教員としての就職は募集ごとに必要な教員免許を取得済みであることが前提になり，採用後の研修も教員免許に規定された採用枠ごとに全員参加が義務（悉皆）の研修を中心とした研修体系が設けられている。

　教員採用後の研修については，公立学校の教員であれば都道府県や政令指定都市，中核市といった教員の研修権限を有する自治体のいわゆる教育センター[7]などが担う。地方公務員法第39条で「職員には，その勤務能率の発揮及び増進のために，研修を受ける機会が与えられなければならない」とされ，教育公務員特例法第21条で「教育公務員は，その職

----

[7]　教育公務員特例法21条２項で「研修を奨励するための方途」として人事権者等の計画樹立の努力義務を担うのが教育センターである。初任者研修や十年経験者研修などの法律上全員が受ける義務を持つ研修（悉皆研修）などを軸としつつ毎年度，体系的かつ効果的に実施するための計画として「教員研修計画」を示す中核となる。なお，教員の研修を実施する権限を有する自治体は都道府県と政令指定都市，中核市である。

責を遂行するために，絶えず研究と修養に努めなければならない」と規定されている。地方公務員法が雇う側の努力義務にとどまるのに対し，教育公務員法が教職員自身の努力義務としてその自主性・自立性を強調している点に教職における研修の重さを理解したい。

　平成19（2007）年の教員免許法施行規則の改正で10年ごとに教員免許更新が必要となった。現職者が教育職員免許更新を忘れるなどした場合は免許が失効し，教員免許を条件とした現職を失うこととなる。2021年現在では教員免許更新の講習内容が充実した一方で，「個々人に負担が重い」や，「研修と内容面で差別化が不充分である」など制度批判から，制度廃止と発展型の研修制度への転換が決定している。同様に教員の研修においても教育センターなどで受講する校外研修は現場からの批判が多く，校内研修に内容や時間数を移す傾向が続いている。これは職務外研修（Off-JT：Off the Job Training）よりも職務内研修（OJT：On the Job Training）に重点を移す意義で説明されることが多いが，Off-JTを校外研修で，OJTを校内研修と位置づけるには語義的にも無理がある。近年の教員研修の変化について聞き取りを行ったなかでは学校現場の多忙感ゆえに校外での座学的な研修を避けたがる現場心理が背後にあると見られ（高木・波多江，2016），教員免許更新講習の不人気も同様の文脈で考えることができるのかもしれない。しかし，校内や日常職務という協働の場で研修することの意義とは別に，免許などの同一専門性と協同の高度化を主旨とした校外研修は固有の意義があるはずである。職務から離れつつ校外研修で同一属性の教員が集い，協同しつつ専門性を育む機会は今後あらためて重要度を増すこととなろう。

（3）　自分の人生の幸福のための生涯学習とワークライフバランス

　学校内での協働や教員免許種など専門的な協同性を軸にした教師教育

の課題を見てきた。いずれも「望ましい」職能成長の枠組みに関する議論である。しかし，キャリアの発達として私生活も合わせたワークライフバランスや教職以外の職業の選択肢，そして教職を離職後の生活展望なども含めて考える視点も重要である。個人のキャリアを雇う側が求める職能成長の基盤の上にいずれも犠牲にしすぎることなく，充実させるキャリア設計を展望することが有益である。キャリアは，発達つまり質の議論なので「いい」や「悪い」で表すことも点数化することもできず，文脈や軌跡の整合性や統一感を考え自分なりに今後の展望を考え，幸福追求を行うことを主な課題とする。つまり職能成長のように数量化で考える科学的根拠（エビデンス）ではなく，個々人の主観的世界観（ナラティブ）の枠組みでキャリアの発達を捉える必要がある（例えば，齋藤，2016）。キャリア発達の質的・主観的な議論が中心となる点と，それの「いい」「悪い」を論じることができない自己責任・自己満足でしか評価できない点は，難しさであるとともに魅力であると言える。

　教員のキャリア発達課題についてはアメリカの発達課題説として"初心者(novice)"，"見習い（apprentice）"，"専門期（professional）"，"専門家(expert)"，"特徴的能力（distinguish）"，"名誉ある引退（emeritus）"といった議論がある（Steffy, E., et al. 2000）。近年では日本でも「教職への希望」と「職業選択への安心感」，「確実な職務遂行」，「職能への自信確保」，「職業人としての有能感の確保」，「キャリアコース選択への自己一致」，「定年までの満足感」からなる7段階の発達課題説（藤原・高木，2017）が提示されている。いずれも教職経験者が主観的に提示したものであり科学的根拠が追求しきれないために，主観的な参考材料として欲しい。ここでも教職は簡単に「お手本」を設定できない難しさを感じてもらえると思う。

　科学として点数化が可能な職業特性や職業における類型として職能・

職務給の 2 制度を本章では見てきた。個々人の人生において数値は参考にはできても基盤にすることはできない。人生の職業選択はキャリアとして主観的意義や物語性を考える必要がある。「自分の人生は教職で充実するのだろうか？」また，「自分にとってどの教員免許で人生が充実するだろうか？」さらに「自分にとって充実する教職はどれくらいずつ聖職で，専門職で，労働者なのだろうか？」「ちょうどいいワークライフバランスはどのようなものなのだろうか？」これらを問いつづけた上で教職を自身のキャリアの職種に選ぶことが，自身の人生と日本の学校を充実する礎となる問いになるはずである。

学習課題

（1）　教員はどの程度が専門職で，どの程度が聖職で，どの程度が労働者なのだろうか。理想とともに自分自身の担う現実として，それぞれ合計100になるようにカウントしてみよう。

（2）　自分の私生活の期待（家庭の形や家・車などの欲しいものなど）と課題（両親の介護，育児さらに自身の病気のリスクなど）を10年後と20年後，30年後とそれぞれ予想してほしい。そして，それぞれの時期の教員という職能の課題と比較した上で，「どう両立するか？」を考えてみよう。

参考文献

海老原嗣生『日本で働くのは本当に損なのか』（PHP ビジネス新書，2013年）

北神正行・高木亮「教師の多忙と多忙感を規定する諸要因の考察Ⅰ」『岡山大学教育学部研究集録』（2007年）134(1), pp.1-10

齋藤清二『医療におけるナラティブとエビデンス』（遠見書房，2016年）

高木亮・波多江俊介「教育センターに期待される力量形成」『専門職としての校長の力量形成』（花書院，2016年）pp.103-117

高木亮・高田純「教職キャリア発達段階のライフラインによる分析」『学校メンタルヘルス』22(2), pp.231-235

竹内洋「準・専門職業としての教師」『ソシオロジ』（1972年）17(3), pp.72-102

秦政春・鳥越ゆい子「現代教師の日常性（Ⅱ）」『大阪大学教育学年報』（2003年）8, pp.135-168

藤原忠雄・高木亮「『広義のメンタルヘルス』としての教職キャリア」『学校メンタルヘルス』（2017年）20(1), pp.14-17

Steffy, E., Wolfe, E. B., Pasch, S. H. & Enz, B. J. (2000). *Life Cycle of the career teacher* Corwin Press, Inc

第4部　教員の職業—どのような職業なのか？（2）

13 ｜「専門職業人」としての教員，「組織人・教育公務員」としての教員

川上泰彦

《目標＆ポイント》　教員の職業特性には，「専門職業人」としての側面（長期的な教育訓練に基づく資格（（教員免許状））を有する者（（教員））で担われているといった特性）と，「組織人」としての側面（学校法人や自治体に雇用され，組織（（各学校））の一員として組織目標の一部を担うべく活動するといった特性）がある。本章では，この両側面について整理するとともに，両者の葛藤がどのような場面で生じうるのかを示し，高いレベルでバランスを図ることが重要であることを説明する。

《キーワード》　職能成長，研修，教育公務員，職業的社会化，組織社会化，学校マネジメント

　　教員の職業特性を理解するうえでは，専門的な知識や技能を活用する「専門職業人」としての側面と，学校組織に所属してその方針に従う（公立学校については教育公務員としての身分を持ち，様々なルールに従う）「組織人」としての側面の双方に注目する必要がある。これら2つの側面は時に葛藤を生む。例えば専門職業人としての教員には，専門職集団もしくは個々の専門職としての倫理規範や価値判断のもと，目の前の子供の状況や教室の状況を判断し，それに応じた教育を行うことが求められる一方で，組織人としての教員には，学校や自治体がより大局的に重視する価値観や方向性を理解し，それに応じた教育を行うことが

求められる。

　もちろん両者が一致するケースもありうるが，一致しないケースも考えられる。そしてこの不一致は「現場の状況が分かっていない政策や重点が（組織から）押しつけられる」という形をとることもあれば「今後の社会で重視される価値や知識を（組織が）示しているのに，それを現場が理解しない」という形をとることもある[1]。このように，教員には専門職としての側面と組織人としての側面の葛藤関係が想定され，それらをどう高い水準で調和させるのかが重要となるのである。

1. 専門職としての教師

（1）　専門性の獲得と伸張

　第1章で述べた通り，教員として働くには資格（教員免許状）が必要であり，仕事を行う際には，様々な場面で資格に裏づけられた専門性を用いた判断が求められる。これらの点は，教員が専門職であることを示すものと考えられる。古典的な「専門職」の要件としては，リーバーマン（Lieberman）の説を引きながら，①比類のない，明確で，かつ不可欠の社会的サーヴィスを提供する，②サーヴィスを提供する際に，知的な技能が重視される，③長期にわたる専門的訓練を必要とする，④個々の職業人及び職業集団全体にとって，広範囲の自律性が認められている，⑤職業的自律性の範囲内で行われる判断や行為について広く責任を負うことが，個々の職業人に受け入れられている，⑥職業集団に委ねられた社会的サーヴィスの組織化及び遂行の原理として強調されるのは，個人が得る経済的報酬よりも，提供されるサーヴィスの内容である，⑦包括的な自治組織を結成している，⑧具体的事例によって，曖昧で疑わしい点が明確化され解釈されてきた倫理綱領を持つ，といった点を挙げるのが一般的である（今津，1996）。教員はこれらの条件を満たしている

1）私立学校や高等学校などについては，各学校の「建学の精神」や「伝統」として積み上げられたアイデンティティーとの関係でも，同様のことが指摘できよう。

（もしくは満たすべき）専門職である，という考え方に立って状況を整理すると，次のように考えられる。

　まず教員として働くには，原則として大学等における特別な教育課程を経て取得する資格（教員免許状）が求められており，相当免許状主義はそれを徹底する機能を果たしている（第1章参照）。加えて，教育基本法第9条では教職生活を通じた継続的な資質能力向上として，研修（研究と修養）に励むことが規定されている。また同条では，そうした長期的・継続的な訓練を保障し，専門性が発揮できるよう，教員は「使命と職責の重要性にかんがみ，その身分は尊重され，待遇の適正が期せられる」ことも規定されている。

　ただし，教員の成長モデルには多様性がある。授業や学級経営の技能や実践的知識のように，経験とともに成長し熟達していく変化（成長・熟達モデル）のほか，生徒との対人関係や仕事や学びへの意欲のように，獲得すると同時に喪失もしていく両義的な変化（獲得・喪失両義性モデル），認知的・対人的な葛藤やアイデンティティ（自我同一性）のように，節目となる様々な発達課題や危機を乗り越えることで引き起こされる変化（人生の危機的移行モデル），地位・役割や志向・信念様式のように，コミュニティの参加者から次第に古参となっていくことでの変化（共同体への参加モデル）などが知られている（秋田，2006）。これらのうち，公的に提供される研修等でカバーできるのは，専門性の拡大・伸張に関する多様なルートのうち一部分のみである。公的な研修の提供に限らず，多様な学びと成長の場を保障することは，教員が専門職としての特性を維持・拡大するうえでも重要である。

（2）　専門性の発揮と葛藤
　教員には，長期的・継続的な教育・訓練によって獲得された専門性を

活用した判断と，それに基づく実践（例えば目の前の子供に対して，何をどう教えるのが適切かを判断し実践すること）が日々求められている。ただし，それは相手（子供の状況）や環境（子供の家庭環境，教室や教材・教具の状況，タイミング，教員の知識や技術の状況等々）に応じて「正解」が異なることが想定されるものであり，教職の不確実性として説明される。こうした不確実性を根拠に，教員の活動においては各々の専門的な知識や経験（や規範・倫理）から導き出される自律的な判断が尊重される。したがって，学校設置者（学校法人や教育委員会）や学校管理職（校長・副校長・教頭等）からはもちろん，同僚も含めた他者から「こうすべき」という判断や方向性が与えられるような関係は，そうした不確実性を前提に教室等での自律的な判断を尊重する考え方とは葛藤を生じると考えられる（後述）。

　また場合によっては，こうした専門的・自律的な判断は非専門家（地域住民（（地域社会））や保護者など）の意見と対立することも考えられる。このうち地域住民（地域社会）が良いと考える教育の内容や方向性が専門家としての教員・学校の判断と相容れないという状況は，公費（税金）が投入される公共サービスとして，地域住民の合意のもとで学校教育を行うべきという考え方と，専門家による専門的・自律的判断を重視すべき，という考え方との葛藤・対立として整理される。また保護者の教育要求と教員・学校の判断との食い違いについては，教育基本法第10条に「父母その他の保護者は，子の教育について第一義的責任を有するものであって，（後略）」と定める保護者の責任と，専門家としての専門的・自律的判断との葛藤・対立として整理できる。

　いずれにせよ，専門家（学校・教員）の自律性は無条件に優先されるのではなく，組織内・組織外の様々な立場の権限・意向との調整が前提となる。学校で取り組むべき課題をどう捉え，組織運営・教育の方針な

どにどう反映するかを検討する際に，学校外部の状況や意向を考慮せず，専門家（学校・教員）の価値判断や志向ばかりを優先すると，学校運営は専門家の「独りよがり」に映るおそれがある。ここで必要となるのは，地域住民や保護者への説明責任（アカウンタビリティ）や，対話による理解促進や調整のプロセスであり，これらを視野に入れることが，現代的な専門性として求められているのである。

　また，キャリアの連続性や成熟を前提としたときにも，一種の葛藤が想定される。教員個々人の専門的・自律的な判断が尊重されるという原則をつきつめると，例えば初任期教員のように経験が比較的浅い者や，知識・技術が発展途上にあるといった者についても，他の同僚教員と同様に「一人前」としての働きが求められるということを意味する。教育内容が高度化し，複雑な課題への対応が求められる学校において，継続的な資質能力向上を当然視するなかでは，そうした前提が適切かどうかについても再検討の余地があると言える。

　個々の教員を独立した専門職と見る捉え方は，学校組織内の職位・階層を極力少ないものとし（中間管理職を設定せず），教員間の平等性・対等性を前提とする「鍋蓋型」の組織観と親和的である。しかし，この性質が強すぎると，能力やキャリアの成熟度に応じて仕事の量や質を調整するといった分業の発想がとりにくくなるほか，キャリアの浅い者や組織に新規参入した者については簡単な（周辺的な）仕事から経験を促し，経験を積むなかで徐々に難しい（中心的な）仕事を担当させるといった，組織的・計画的な力量形成（成長・熟達の促進）という考え方も弱くなる。結果として，組織的な分業等を通じた労務管理（いわゆる「学校における働き方改革」）や中長期的・計画的な力量形成を進めるうえでは，ある種の調整が求められることになるのである。

2. 組織人，公務員としての教師

（1）　教育公務員

　これまで説明したように，教員として働くには長期的な教育・訓練に基づく専門的な資格（教員免許）が求められているものの，独立開業のような形での活動は想定されていない。それぞれの教員は，私立学校であれば学校法人に，公立学校であれば教育委員会に雇用され，それらの組織の一員となることで教育活動が行われる。したがって，教員は専門職として自律性が重視される（べき）立場である一方で，各学校やその設置者の方針等に沿った教育活動も求められる。所属する学校における組織人として，また公立学校については（教育）公務員としての性質も持つことになるのである。

　教育基本法第6条は「法律に定める学校は，公の性質を有する」とし，続けて学校は「教育の目標が達成されるよう，教育を受ける者の心身の発達に応じて，体系的な教育が組織的に行われなければならない」と規定している。学校は体系的・組織的な教育を行うことを原則としており，教員を専門職業人と位置づけつつも，個々の判断によってのみ教育活動を行うことは前提としていない。また学校が「公の性質」を持つという規定からは，私立学校についても，建学の精神や独自の校風が尊重される一方で，公教育としての目標を常に意識することが求められている。同じような価値判断や規範を持つ教員が集まって（私立）学校を組織したとしてもなお，公教育としての使命を共有することが求められているのである。このように，現在の学校教育を前提に考えると，教員を「純粋な」専門家としては捉えにくい面が出てくることになる。

　教員が組織人としての性質を持つのに加えて，国立学校・公立学校の教員は教育公務員としての身分を持ち，さらに公立学校の教員について

は地方公務員として雇用される。専門的・自律的判断をもって児童生徒の教育に従事することと並んで，公務員としてのルールの下で活動することも求められるのである。

　教員に関連する様々な法律も，そうした組織人・公務員としての性質を裏づけている。例えば地方公務員法に規定される様々な義務は，公立学校の教員にも適用される。全体の奉仕者として公共の利益のために勤務すること（地方公務員法第30条），規則や規程に従い，上司の職務上の命令に従うこと（同第32条），職の信用を傷つけたり職全体の不名誉となるような行為をしてはならないこと（信用失墜行為の禁止，同第33条），職務上知り得た秘密を漏らしてはならないこと（守秘義務，同第34条），勤務時間及び職務上の注意力のすべてを職責遂行に用いること（職務専念義務，同第35条），同盟罷業（ストライキ）や怠業（サボタージュ）といった争議行為等の禁止（同法第37条），営利企業への従事等の制限（同法第38条）などについては，公立学校の教員にも当てはまる規定である。

　さらに，上記のように地方公務員全体に向けて設定されたルールとは別に，教育公務員としての特性から導き出される特別のルールもある（教育公務員特例法）。このうち地方公務員法第36条に規定される政治的行為の制限については，教育公務員特例法第18条において「地方公務員法第36条の規定にかかわらず，国家公務員の例による」とされ，国家公務員法第102条や人事院規則14－7（政治的行為）が適用される。より具体的に言えば，一般の地方公務員よりも制限地域が広く（教員の所属する地方公共団体の内外に関係なく全国に及ぶ），制限行為の範囲が詳細に定められているという特徴がある。

　また教育公務員特例法では，採用や昇任を（競争試験によるのではなく）総合的な選考によって行うこと（同法第11条，第1章参照），条件

附採用期間を（地方公務員法に定める6カ月ではなく）1年間とすること，研修（研究と修養）が（地方公務員全般に保障される権利としてではなく）義務として位置づけることなどが規定されている。これらは，（競争試験の得点だけでなく）総合的な適性の審査をもって採用を決める必要があること，教員の仕事が「1年間」を単位に構成されていること，「学び続ける」制度を準備することで常に専門性の維持向上を図る必要があること，といったように，教員の業務の特性や，専門的職業である性質に配慮して導き出される規定である。こうした点にも，専門職であり公務員であるという特性が見出されるのである。

（2）　多層的な関係

さらに，教員は学校組織の一員として教育活動を行うが，そこには様々な（多層的な）影響や管理が及んでいることも理解しておきたい。公立学校を考えてみると，教員は学校に所属しているが，それぞれの学校では「校務をつかさどり，所属職員を監督する」（学校教育法第37条）役割を持つ校長のもと，学校の方針や計画のなかで活動が行われる。加えて，（公立）学校を設置・管理する組織として市町村教育委員会や都道府県教育委員会などがあり，教員の服務監督も行っている。さらに教員の採用・配置・転任や昇任・研修等を行う任命権者として都道府県等の教育委員会も関与しており，多くの公立小・中学校では県費負担教職員制度によって教員の任命権者（都道府県教育委員会）と学校の設置管理者・教員の服務監督権者（市町村教育委員会）が異なる状態となっている[2]。

このように多層的な学校管理が行われるなかでは，それぞれの方針や計画を視野に入れながらの活動が求められる。例えば教育内容については，基本的な国の方針（学習指導要領等）が（法的拘束力を持って）示

2）したがって政令指定都市については，公立小・中学校においても学校の設置管理者と教員の服務監督権者は一致していることになる。

される一方で，都道府県や市町村もそれぞれに教育方針や重点（場合によっては特色ある教育課程）を追加的に掲げ，これらは各学校に影響を及ぼす。これに加えて，各学校（長）は児童生徒の状況を勘案して学校の教育課程を編成するので，教員は個々の専門的・自律的判断をしつつも，これらに沿った教育活動が求められることになる。特に近年では，学校長が学校経営者としてマネジメントにあたることが定着してきたため，各教員も学校経営の一角を担うという立場から，従来以上に組織へのコミットメントが求められる傾向にあることが指摘できる。

　教室等における子供との関係に注目すると，教員は専門職業人としての位置づけが妥当なものと見える一方で，教員が学校の一員として活動する（さらに公立学校において教員は公務員として雇用されている）実態に着目すると，組織人や公務員としての位置づけも妥当なものとなる。特に日本の公立学校のように，定期的に学校間を異動するという人事慣行が取られている場合，教員はキャリアを通じて職業的社会化（一人前の《どの学校においても通用する》教員として教職に適応する）を進めるのみならず，勤務校の変化や同僚の入れ替わりに合わせて組織社会化（そのとき所属する学校組織の一員として適応する）を進めることが求められる（川上，2021）。自治体レベル・学校レベルで教育活動の特色が強調され，教員にはそこに寄与することが求められるようになるほど，各学校レベルでの社会化（組織への適応）を促すマネジメントが重要になる。学校の管理・運営レベルの問題ではあるが，現代的な課題と言うことができるだろう。

3.　両者のバランス

　これまで見たように，教員については専門職としての側面と，組織人や公務員としての側面の両方をそなえており，現代の教員はそれらの

（高い）バランスのなかで教職生活を送ることが求められる。例えば教員が専門的・自律的判断のなかで実施したいと考えた教育活動と，自治体や学校が組織として掲げる目標に沿った教育活動との間で葛藤が生じる場合，個々の教員がこれらのバランスを取るのは難しい。このとき，学校管理職やミドルリーダーには，組織内での役割分担を図るなかで，これらの葛藤の解消を図る（組織目標のなかで，専門性や特性を活かし，方向性の矛盾しない役割をあてるなどする）ことが求められる。もし学校ごとの特徴がそれほど突出せず均質的なものであれば，こうした葛藤が表面化することは少ないと考えられるが，近年では各学校において特色ある教育施策や学校経営が追求される傾向にあるため，上記の葛藤は顕在化しやすい状況にあると考えられる（川上，2021）。

　個々の教員のキャリア構築においても同様の状況が想定される。すなわち教員を専門職として想定すれば，個々人が自律的に導き出したキャリアイメージに沿って職場を選択し，専門性を活かした活動を志向することになるが，特に公立学校においてはそうではなく，組織や雇用者の判断が反映される形で異動が行われる。この場合，学校設置者や教員の人事権者は一定の計画性をもって教員の配置を計画して教員のキャリア構築に関わるため，純粋に本人の意向だけではなく，様々な意向が調整されて教員人事（配置や転任・昇任）が行われることになる（川上，2013）。

　この場合，中堅教員やベテラン教員など，それぞれで自分のキャリアイメージを固めているような者については葛藤が想定される一方で，人事担当部門の情報収集と判断が機能すれば，異動や配置の工夫は，個々の教員の能力や適性の発見や開発を促すことができる（八代，2019）。特に比較的経験が浅く，どのようにしてキャリアを積み上げ，専門性を高めていくかというイメージの薄い者などについては，意図的・計画的

な配置を通じて経験の蓄積を促し，それによって力量形成を図ることができるという点で，一定の意義を見出すことができる[3]。日本の教員の雇用が比較的長期的・安定的であることを考えると，組織人としての側面を活用して専門職としての能力伸長を図る仕組みは，積極的に評価されても良いものと言えるだろう。

　また近年では，学校教育における「顧客」にあたる子供や保護者のほか，利害関係者（ステークホルダー）にあたる地域住民等との関係を視野に入れて教職のあり方を考える必要も生じている。すなわち公立・私立を問わず，公教育として公費が投入されて学校が運営され，教育活動が行われるという性質上，学校教育には社会（国や自治体，その他の地域等）の意向をどう反映するかについて考える必要がある。また，先にも述べたように，「子の教育について第一義的責任」を有するとされる「父母その他の保護者」が学校教育に自らの意向が反映されるよう，意見を表明することも正当な権利と言える。

　これに対して専門職としての教師や専門職集団としての学校が無条件に（自らの専門性のみを根拠に）専門的・自律的判断を教育活動に反映させるのには無理があり，相互の説明・調整・統合等のプロセスが必要となる。また一方では，校長がリーダーやマネージャーとなって「特色ある学校づくり」を進めることが求められているほか，自治体も教育大綱や教育振興基本計画等の形で教育政策の方針を明示し，それを学校に反映することが求められている。組織人としての教員が教育委員会や学校の方針を実現しようとする場合にも，やはり相互の説明・調整・統合等のプロセスが求められることになる。

　近年設置が進んでいるコミュニティ・スクール（学校運営協議会制度）のように，地域社会と学校の関わりや保護者の学校参加を保障する仕組みは，こうした調整や統合の手段として機能することが期待される。

3）教員配置の効果を直接的に扱ったものではないが，教員評価制度の需要においては同様の傾向が観察されている（苅谷・金子，2010）。

専門職としての教員にとっても，また組織人としての教員にとっても，重要な仕組みであると言えるのである。

　以上のような状況を総合すると，近年では，個人としての専門的・自律的判断のみを尊重した専門職としての教職像や，組織内部だけの一貫性を視野に入れた組織人としての教職像は妥当でなくなっている。代わりに「外部」との関係性を視野に入れた専門職としての教員像や，公務員としての立場も意識した，組織人としての教員像が求められているのである。したがって今後一層の重要度を増してくるのは，専門性に裏づけられた説明等によって地域社会や保護者との対話ができるかどうか，地域社会や保護者の意向に配慮した形で一緒に活動ができるかどうか，といった点であると考えられる。

　このような新しい教員像を追求する一方で，学校教育の内容や技術に関しては専門化・高度化が常に進展しており，教職に必要とされる知識・技術の量や質は高まり続けている。教育内容や教育方法のみならず，子供の心身の発達に関する理解や課題の把握，さらには学校教育・子供・教員等に関連する様々な法規や制度の理解はもちろん，これらに関する知識や考え方は社会の変化や研究の進展に応じて更新されることがあるため，頻繁な確認も求められる。そしてこれらの知識・技術や考え方は，教育の効果を高めるのみならず，場合によっては子供の生命を守り，学校の安心・安全を高めることに直結するため，より緊急性が高いものもある。

　学校教育において，いわゆる「外部」との調整等が想定されるなかでは，地域人材や保護者等に対してこれら専門性の中身を説明し，一定の理解を得るなかで協働を進めることが求められる。教員は専門職なのか組織人なのか，という職業特性の整理においては，どちらか1つを選ぶのではなく，両方の性質を高いレベルでバランスさせて教育活動を行う

ことが求められている。また，学校外部との関係構築においては，両方の性質を駆使してコミュニケーションを取るのに加えて，教育活動への意見表明やその反映といった学校の統治（ガバナンス）に関する協働の促進なども求められているのである。

学習課題

（1）　学校や教員が専門的な見地から判断・実践した教育活動を，保護者や地域社会といった一般の人々（非専門家）に説明する場面を想定して，どのような工夫が必要か考えてみよう。

（2）　教育公務員特例法に定める「政治的行為の制限」が具体的にどのような内容を指すのか，人事院規則14－7を調べて内容を確認し，地方公務員法第36条の規定（一般的な地方公務員に当てはまる制限の内容）と見比べてみよう。

参考文献

秋田喜代美『授業研究と談話分析』（放送大学教育振興会，2006年）
今津孝次郎『変動社会の教師教育』（名古屋大学出版会，1996年）
苅谷剛彦・金子真理子〔編著〕『教員評価の社会学』（岩波書店，2010年）
川上泰彦『公立学校の教員人事システム』（学術出版会，2013年）
川上泰彦〔編著〕『教員の職場適応と職能形成　教員縦断調査の分析とフィードバック』（ジアース教育新社，2021年）
八代充史『人的資源管理論＜第3版＞』（中央経済社，2019年）

第4部　教員の職業—どのような職業なのか？（3）

14 | 教職の魅力化—ウェルビーイング （well-being）への着目

露口健司

《**目標＆ポイント**》　本章では，教職の魅力化の方法について，ウェルビーイングに着目した上で検討を行う。最初に，教職の魅力低下が日本固有の問題ではなく，国際レベルでの問題であることを確認する。次に，教職の魅力化の議論において，ウェルビーイングが着目されるようになった背景について簡潔に解説する。さらに，教員のウェルビーイングを規定する要因を職業・職場・職務・職能の4視点から整理する。最後に，教員のウェルビーイングを高める戦略について，同じく職業・職場・職務・職能の4視点ごとに提案する。
《**キーワード**》　教職の魅力，ウェルビーイング，主観的幸福感，ワーク・エンゲイジメント，抑鬱傾向，職能成長，職業，職場，職務，職能

1. 教職の魅力低下の問題

　今日，教職の危機とも呼べる現象が世界各国に拡散している。教員離職の実態は深刻であり，例えば，アメリカでは就任5年以内に約30％が，貧困地域では約50％が離職している。イギリスにおいても2年以内に約20％，5年以内に約30％が離職している。オーストラリアの5年内離職率も各年度約30〜50％程度であり，米英とほぼ同等の水準である。教員離職の増加は，教員不足現象，高齢化現象（若年層離職に起因），無資格教員の増加等につながり，学校教育における質の低下を招く重要な問

題となっている（Viac & Fraser, 2020）。これらの国々では，教職を第一志望として就任した教員の比率が低く，また，1週間当たりの労働時間も長い（OECD, 2019a）。教職の魅力低下の問題は，フランス，スペイン，スウェーデン等の西欧諸国においても出現している。教職の社会的価値についての調査において，これらの国々では社会的価値の実感を肯定した教員が10％を下回っている（Schleicher, 2018）。その一方で，PISA 調査での学力上位国であるフィンランドやシンガポールでは，教員離職率は3〜4％程度であり，英米豪と比べるとかなり低い数値となっている（Viac & Fraser, 2020）。教職の社会的価値の評価についても，両国では肯定率60％以上であり，参加国中のトップレベルにある（OECD, 2019a）。このように教職の魅力づくりと離職予防に効果を発揮している国も存在する。

　それでは，日本はどうであろうか。令和元（2019）年度の統計調査によると，日本の離職率は公立小学校1.5％，公立中学校1.6％，公立高校1.2％であり，上記の諸国よりもさらに低い数値を示している[1]。離職意図を持った教員の比率も小学校（1.8％），中学校（2.2％），高校（1.7％）とわずかである（HATO プロジェクト, 2016）。全体傾向として，日本の教員は，安定雇用下にある。テスト重視が処遇・身分に影響を及ぼすようなハイステイクスなアカウンタビリティ政策が実行されておらず，雇用リスクに怯えることはない。ただし，教職の魅力低下に係るいくつかの問題が出現している。①初任者教員の離職率が，2016年度（1.13％），2017年度（1.24％），2018年度（1.42％）と年々増加傾向にあること，また，初任者離職が3％を超える自治体が複数出現していること等，若年層教員についての懸念材料がある[2]。②また，雇用の安定は低調な離職

1）令和元（2019）年度学校教員統計調査（2018年度の離職者数を抽出）及び平成30（2018）年度学校基本調査（2018年度教員数を抽出）に基づく推計である。定年以外の離職者数を本務者（校長を含む）で割った数値である。公立小学校1.5％（離職者6,384名／教員数413,720名），公立中学校1.6％（離職者3,671名／教員数230,366名），公立高校1.2％（離職者1,969名／169,935名）とする結果が得られている。

2）https://www.mext.go.jp/content/20191224-mxt_zaimu-000003245_30200.pdf

率維持という成果につながっているものの，教職の社会的価値について
の評価は肯定率が30％以下（OECD，2019a）であり，この点も重要な
課題である。③さらに，TALIS2013及びTALIS2018において明らかに
されたように，日本の教員の１週間当たりの労働時間は調査参加国・地
域最長であり，多くの教員が長時間労働や人手不足の問題に直面してい
る（OECD，2014，2019a）。日本は閉鎖的な労働市場構造であるため離
職という選択が困難である[3)]。過重労働に耐え続け，教職の社会的価値
の低下を実感しつつ，慢性的な高ストレス状態に陥るリスクに，日本の
教員（特に若年層教員）は直面している。

2. ウェルビーイングへの着目

　教員離職の増加，社会的価値の低下，長時間労働等に象徴される教職
の危機とも言える状況を受け，国際レベルにおいて教員のウェルビーイ
ング（well-being）[4)]への関心が高まっている。教員の職業・職務環境の
悪化現象がその主たる契機であるが，教員のウェルビーイング状態が周
囲に対して様々な効果を及ぼす事実が，ポジティブ心理学等の研究蓄積
を通して判明してきたこともその背景として指摘できる。Lyubomirsky
（2007）は，ウェルビーイングが高い状態において，個人の創造性や生
産性，組織的成果が高まると主張している。こうした現象は一般個人だ
けでなく，教員においても認められている。例えば，教員のウェルビー
イング向上による個人的な職務成果，教育実践の質，教師効力感，組織
コミットメント（組織に対する愛着や一体感）等への効果が複数の先行

３）転職のみに注目すると，公立学校教員の転職率推計は小学校0.4％（1,715/413,720名），
中学校0.5％（1,217/230,366名），高校0.3％（559/169,935名）である。
４）ウェルビーイングの定義と構成要素は多様である。教員を対象とした調査研究
では，「主観的幸福感（subjective well-being）」あるいは「職業的幸福感（occupa-
tional well-being）」を代理指標とする研究が多いようである。主観的幸福感とは，
「人々の感情反応，場面ごとの満足感，総合的な生活満足の判断を含む諸現象」
（Diener et al. 1999：277）を意味する概念である。一方，教員を対象とする職業的
幸福感とは，「彼（女）らの仕事と職業に関連する認知的，感情的，健康的，社会
的条件に対する教員の反応」（Viac & Fraser 2020：18）と定義されている。

研究において報告されている（檜垣・露口，2021）。この他，教員の
ウェルビーイングによる生徒のウェルビーイングへの効果を検証した研
究も報告されている（Becker et al, 2014）。教員のウェルビーイングが
クラスの生徒のウェルビーイングと連動しているとする研究結果は，実
践に対して極めて重要な示唆を与えている。Learning Compass 2030
（OECD, 2019b）において，児童生徒のウェルビーイングは，学習の
目的地として位置づけられている。教員のウェルビーイングはその重要
な決定要因なのである。

　それでは，教職の魅力の重要指標であるウェルビーイングはどのよう
に高めることができるのであろうか。本章では，職業（vocation），職
場（organization），職務（job），職能（competence）の4つの視点か
ら，教員のウェルビーイングの決定要因を探索するとともに，その向上
方策について検討する。

3. 何が教員のウェルビーイングを決めるのか？

（1）　職業

　教員（及び志願者）は，教職についての価値観や選好（専門職志向，
安定性志向，管理職志向，自律性志向等）を有している。教職選好の実
態については，HATO プロジェクト（2016）の報告書に重要なデータ
が示されている。報告書では，教員になりたいと思った理由（動機・複
数回答可）として，「子供が好き（47.6％）」「教科の勉強が好き（43.5％）」
「人に教えることが好き（38.7％）」「部活動の指導をしたい（25.2％）」
「世の中のためになる仕事（24.2％）」等が上位で選択されている（現
役中学校教員 N = 1,753）。教育専門職が持つ職としての魅力を感じて教
職に就いている様子がうかがえる。また，「安定していて長く続けられ
るから（30.6％）」とする安定性志向の選好も比較的上位にある。ただ

し，「休みが多いから（1.9％）」「給料が高いから（2.7％）」といった労働条件面については選好が低位である。管理職志向については，13.2％が「将来管理職になりたい」を選択しているが，この数値は高いとは言えない（また，回答者の年齢の影響を受ける）。一方，教職に対する現実認知についての質問では，「子供の成長にかかわることができる（97.2％）」「仕事を通して自分が成長している（83.0％）」「仕事のやり方が自分の判断に任されている（80.9％）」等，教育専門職志向や自律性志向が実現できている様子が示されている。教員は教育専門職として退職まで安心して働くことのできる安定的な環境を求めて教職を選択していると解釈できる。ただし，「仕事の社会的な評価が高い（36.3％）」は低位水準となっており，教職の魅力低下現象を示す結果と解釈できる。

（2）　職場

　教員が職場に対して持つ価値観には，創造性（新しいことに挑戦しようとする職場かどうか），職務環境性（私生活にも配慮した働きやすい職場かどうか），自律性（自由裁量を認めてくれる職場かどうか），同僚性（同僚同士が支え合い高め合う職場かどうか），規律性（規則遵守に厳しい職場かどうか）がある。露口・増田（2016）の初任者教員調査では，これら価値観5次元の理想と現実認知を測定している。双方の差異（7件法による測定，理想－現実認知）は，創造性（5.53－4.44＝1.09），職務環境性（5.70－3.40＝2.30），自律性（4.84－4.51＝0.33），同僚性（6.17－5.28＝0.89），規律性（5.41－4.81＝0.60）とする結果が得られている。同僚性については理想と現実認知が高い水準で合致している。しかし，職務環境性については，相対的に高い理想に対して，厳しい現実認知を示している（働きやすい職場を過度に選好しての入職はリスクを伴う）。職場不適応は，心理的ストレス反応を高めるため，この不適応

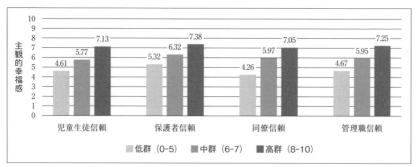

図14-1　教員を取り巻く信頼とウェルビーイングの関係
出典：筆者作成

現象には注意が必要である。

　それでは，どの程度の教員が職場不適応状況にあるのだろうか。HATOプロジェクト（2016）の中学校調査データを参照すると，職場の同僚性に関する質問（肯定率）は，「管理職に気軽に相談する（82.3％）」「教職員の間で自由に意見を言い合える（81.2％）」「管理職からの指示や干渉が多い（17.1％）」「同僚との関係に疲れる（24.1％）」となっている。約8割の教員が職場に適応しており，約2割の教員が十分に適応できていない様子が記述されている。

　教員の職場での適応は，社会関係資本の構成要素である「信頼」に焦点化された上で，複数の研究が報告されている。例えば，若年層教員（小・中学校勤務）を対象とした調査では，教員を取り巻く職場での信頼関係と，教員個人のウェルビーイングとの関連性が確認されている[5]。図14-1は，児童生徒・保護者・同僚・管理職との信頼を11件法（0～10尺度）で測定したものを，低群（0～5点），中群（6～7点），高群（8～10点）に区分し，各群の主観的幸福感（0～10点尺度）の平均値

5）A県の公立小中学校教員（1～3年目）を対象とする調査。令和2（2020）年11月に実施され，回収率は44.7％（249/557名）である。低群・中群・高群のサンプル数は，児童生徒信頼（N＝28，102，119），保護者信頼（N＝71，117，61），同僚信頼（N＝31，94，124），管理職信頼（N＝46，94，111）である。調査の具体的方法については，露口（2020）と同様である。

を比較したものである。いずれの信頼次元においても，信頼の高さが主
観的幸福感と連動している様子が示されている。信頼中群は，日本国民
の標準値（5.89）相当である（内閣府，2019）。信頼高群は，日本国民
の標準よりも，かなり高い得点を示している。職場において信頼関係が
構築できている場合，若年層教員は相当幸せな教職生活を送っているこ
とが分かる。

（3）　職務

　教員にとって興味関心があり，意欲的に取り組みたいと考える職務に
労力を投入できた場合（やりがい）に，職務満足度は高まる。逆に，教
員にとって興味関心があり意欲的に取り組みたいと考えている職務に労
力が投入できていない場合（焦燥感），あるいは，教員にとって興味関
心がなく意欲的ではない職務に多くの労力を投入している場合（負担
感）に，職務満足度は低下する（露口・増田，2016）。特に，職務不適
応状態（意欲的ではない職務への過剰な労力の投入）が生み出すやりが
いなき多忙は，バーンアウトにつながる確率が高い（岡東・鈴木，
1997）。

　近年，教員の長時間勤務や過剰な仕事量がもたらすメンタルヘルスの
悪化が社会問題となっている。たしかに，仕事の時間的・内容的な
「量」は，教員の精神的健康を脅かす傾向がある（高木・北神，2016）。
しかし，すべての仕事が精神的健康を脅かすわけではなく，中にはやり
がいの源泉となっている仕事もあるため，一律の仕事の削減は危険であ
る。仕事の「量」だけでなく，「質」的側面への注意が必要である（神
林，2017；高木，2015）。例えば，神林（2017）では，教員の職務のす
べてが，長時間化した場合に精神的健康を毀損するものではないことに
言及している。小学校では，授業準備，成績処理，生徒指導（個別），

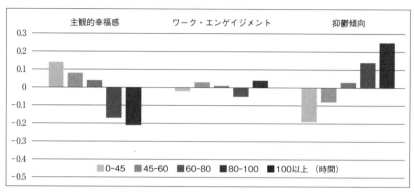

図14- 2　時間外勤務時間とウェルビーイング等との関係
出典：筆者作成

学校行事，学年・学級経営，保護者・PTA対応，地域対応等，特定の業務への従事時間が長いと教員の心理的負担が高まるとする結果が得られている。一方，心理的負担に連動しない業務（学習指導や研修等）も複数存在している。また，高木（2015）では，教員の精神的健康を毀損するのは，授業実践等の中核業務の増加ではなく，校務分掌や事務作業等の周辺業務であることを明らかにしている。

　図14-2は，2019年度に実施された高校教員の時間外勤務時間による主観的幸福感，ワーク・エンゲイジメント[6]，情緒的消耗感への効果を確認した図である（Tsuyuguchi, 2021）。これら3つの変数は尺度が異なるためY軸には3者比較のためにZスコアを採用している。主観的幸福感は，時間外勤務時間の増加とともに低下し，80時間を超えたあたりから急落する。過労死ライン超過は，教員の幸せを急落させる負の効果を持つ。情緒的消耗感は，主観的幸福感と真逆の分布をとっており，これも同様に80時間を超えるあたりから急上昇している。一方，ワーク・エンゲイジメントについては，時間外勤務時間の影響をほとんど受

6）ワーク・エンゲイジメントは，「仕事に関連するポジティブで充実した心理状態であり，活力，熱意，没頭によって特徴づけられる」（島津，2014：28）。やりがいや働きがいの代理指標と理解できる。

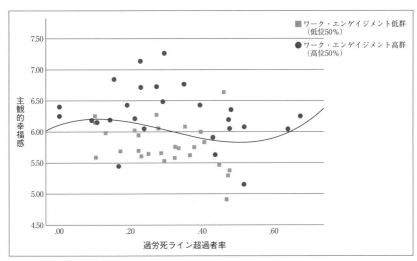

図14-3　学校の過労死ライン超過率とウェルビーイングの関係
出典：筆者作成

けていない。ワーク・エンゲイジメント（やりがい／働きがい）は，時間外勤務時間の影響を受けにくい要因であることが確認できる。

　個人レベルで見ると，時間外勤務時間の増加は主観的幸福感の減退を引き起こす。それでは，学校単位ではどのような結果になるのだろうか。図14-3は，図14-2のサンプル（教諭 N＝2028）を学校単位で集計したものである（公立高校 N＝53）。学校単位の過労死ライン超過率と主観的幸福感の間には統計的に有意な相関は認められていない（r＝-.228，p＝.100）。最も当てはまりがよい3次曲線表現でも過労死ライン超過者率は主観的幸福感の7％を説明する程度である。一方，働きがいの代理指標であるワーク・エンゲイジメントの高低で区分すると，主観的幸福感高位には，ワーク・エンゲイジメント高位の学校が集中していることが分かる（過労死ライン超過率を問わない）。学校単位データを見ると，

働きがいが脆弱な学校において教員集団の主観的幸福感が蝕まれていることが分かる。

　また，学校単位の主観的幸福感の格差にも着目しておきたい。学校単位の主観的幸福感は，最小値4.91，最大値7.26であり，学校間に幸福格差が認められている（図14-3において最大2.35点差）。教員の主観的幸福感は，教職に就くかどうかよりも，働きがい溢れる学校に勤務し，働きがいある仕事に従事できているかどうかによって強く規定されていると解釈できる。教職が問題なのではなく，どこで働くかが問題なのである。

（4）　職能

　教員には職責を遂行するための能力（職能），すなわち，学力・学習意欲を高める能力，規範意識を高める能力，体力を高める能力等，多様な職能が求められる。これらの職能がうまく行使できたと認知する場合，個人の職能適合度は高まる。いわゆる学級崩壊現象等により，自らの学級経営についての能力が理想から大きく乖離している（指導力が不十分）と認知する場合，個人の職能適合度は低下し，心理的ストレスレベルが高まる（露口・増田，2016）。近年，教員の職能は，各都道府県・政令指定都市において，教員の育成指標として明確化されている。行政研修等の機会において，求められる職能と現実との適合状況を実感する機会が増加している。

　Viac and Fraser（2020）は，教員の職業的ウェルビーイングの規定要因として，研修と職能成長機会を設定している。教員のウェルビーイングは，教育専門職としての知識・技能の習得や職能成長によってもたらされると考えられる。昇任に関連する資格・免許の取得，様々な研修や研究会への参加経験も職能成長機会の拡充であり，ウェルビーイング

につながるものと推察される。学校管理職を対象とした調査研究では，学習と成長の停滞を実感している管理職が情緒的に消耗する傾向にあることが明らかにされている（露口，2016）。教員にとっては，学び成長し続けることが，情緒的消耗の回避とその先にあるウェルビーイングの向上において重要であることが示唆されている。

4.　教職の魅力化のための方策とは

（1）　職業の魅力

　現職教員を対象とする質問紙調査（HATO，2016）から，教職の魅力とは，子供の成長にかかわることで，自己の成長が実感でき，仕事のやり方を自律的に考えることができる点にあることが示された。「やりがい／働きがいある教育専門職」としての職業観を多くの現職教員が抱えている。教職を選択する際に，休暇や給料等の労働条件面を考慮する者は少なく，管理職志向も少なかった。福利厚生面やポストの上昇可能性をアピールしたとしても，教職選好の意欲はそれほど高まらないと考えられる。約20％の教員（職務不満群）に相当する「教職＝ブラック」像はインパクトが強いため，その他80％の教員（職務満足群）が享受している「やりがい／働きがいある教育専門職」像を打ち消す効果を有する。特に，長期間実習等で実態に触れていない教職志願者にとっては，前者のネガティブ情報量が圧倒的に多いため，そちらに引っ張られてしまう可能性がある。教員養成関係者には，教職のポジティブ情報を発信すること，または実習等の機会を充実させることが求められる（不適応を実感しての進路変更は仕方ない）。

　職業に関する現実認知で気になる点は，仕事（教職）の社会的な評価を，現職教員が実感できていない点である。この現象については，多様な解釈があるが，日本の教員の修士レベル率の低さは，その一因である

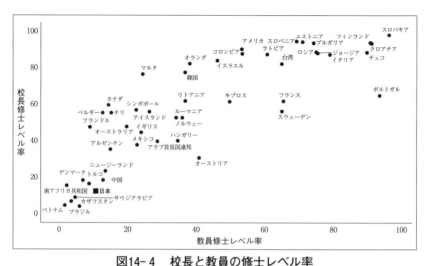

図14-4　校長と教員の修士レベル率
出典：国立教育政策研究所（2019）を参考に筆者作成

と考えられる。図14-4は，TALIS2018において報告されたOECD主
要国・地域における教員修士レベル率（X）と校長修士レベル率（Y）
の散布図である。日本は教員10.6％（OECD平均40.7％），校長11.7％
（OECD平均57.3％）であり，世界的に見ると教員＝低学歴国である。
2010（平成22）年頃から大学進学率は50％を超えており，今後，大半の
保護者が大卒となる可能性は高い。薬剤師やカウンセラー等に象徴され
る専門職＝6年間養成の潮流があるなか，教職が専門職であろうとする
ならば，修士レベルの教員を養成するシステムが必要となるであろう。
　教員の労働条件については，長時間労働を中心に，そのネガティブな
側面が語られやすい。しかし，我々が実施している若年層教員の3年間
パネル調査（2018採用コーホート／小中学校教員／毎月WEB調査／N
＝60）では，8月と3月に，主観的幸福感が大幅に上昇する傾向を，3
年間の時系列データによって確認している（図14-5）。3年目はコロナ

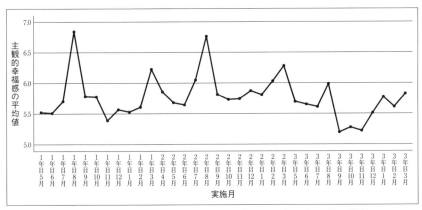

図14-5　2018初任者コーホートのウェルビーイングの推移
出典：筆者作成

禍に直面した時期であり，夏休みに補充学習等で幸福度が上昇していない。その影響もあってか，９月以降，幸福感は低下の一途を辿っている。教員は長期の休みを取ることができ，その期間に自分のしたいことができ，幸福感が上昇する。こうした他の職にはあまり見られない特性＝魅力を持った職業なのである。

（2）　職場の魅力

　教員のウェルビーイングは，職場での教員を取り巻く人々との信頼関係によって強く規定されていた。職場における児童生徒，保護者，同僚教員，そして学校管理職との信頼関係は，日常的に行われる「誠実な対話」と「協働活動」を通して醸成される。近年，勤務時間の短縮化の流れのなかで，職場でのコミュニケーションと協働活動の機会が減少している。相手に敬意を示す態度で関わる日常的な対話・交流，協働活動のなかで展開される「助け（支援）」「助けられ（被支援）」の互酬性関係が信頼を醸成する。信頼関係があると職務を円滑かつ効率的に進めるこ

とができる。信頼関係がないと職務遂行上，様々なトラブルが発生する。「誠実な対話」と「協働活動」を充実化させ，「信頼関係」を醸成することが，職務効率化において効果的である。「誠実な対話」と「協働活動」を蔑ろにし，「信頼関係」の醸成を怠ると，様々なトラブルが発生し，職務遂行が非効率的となる。ひいては長時間勤務となる 虞 がある。信頼醸成の源泉を縮減する働き方改革が，長時間労働の原因となり，教職の魅力を損ねている可能性がある。「信頼される／信頼し合う学校づくり」の推進とそうした実態の広報は，実は教職の魅力化にとって重要な意味を持つのである。

　先述したように，教員のウェルビーイングは，「どの学校に勤務しているか」によって大きく左右される。過労死ライン超過率０％の学校もあれば，60％超の学校もある。また，主観的幸福感５点程度の学校もあれば，７点超の学校もある。教職の魅力化において，職場の魅力化は重要な位置を占めている。ここは，学校管理職のリーダーシップによるところが間違いなく大きい。

（３）　職務の魅力

　職務の量と質は，教職の魅力化において，もっとも重要なポイントであろう。過度の長時間労働の是正はもちろん重要である。本章のデータにおいても，いわゆる過労死ラインと呼ばれる80時間以上の時間外労働をこなしている教員は，主観的幸福感が激減し，抑鬱傾向リスクが跳ね上がるとする結果を紹介した。この基準を超えることなく働くことができる環境づくりが理想であり，中長期的な戦略が求められる。変形労働時間制，部活動改革，学級規模縮小，教科担任制，ICT 活用による校務支援等の改革により，労働時間の短縮化に向けての準備が進められている。信頼関係，やりがい／働きがい，使命感を崩さないように，こう

した改革を丁寧に進める必要がある。

　実態を無視した上限を設定し，人的保障無しに必達を求める時短第一
主義は，「帰れ帰れの大合唱」による職務時間短縮の効果はあるかもし
れない。しかし，職務の量と質が変化するわけではないので，教員は一
層苦しむこととなる。「帰らなければいけないのに，帰れない」ことに
罪悪感を抱く教員もいる。子供たちの夢の実現のために放課後も寄り
添って「補習」を実施してきた教員，部活動に全力を投入してきた教員
は使命感がゆらぐ。若年層教員は，勤務時間がどうしても長くなる。初
めて授業をつくる教員と，何十年ものキャリアを持つ教員とでは，準備
にかける時間も全く異なる。時短第一主義の学校では，若年層教員（特
に初任者教員）が周囲に相談する機会が抑制される。長い教職キャリア
のなかでは，全力で仕事に没頭したい時期と，子育てや介護で家庭生活
との両立を図りたい時期がある。一律に上限を決めて，同じような働き
方を求めることは，専門職にはうまく当てはまらない。教職は1人ひと
りに適した「オーダーメイド」の働き方がある。管理職との対話を通し
て，キャリアに応じた，自分に合った働き方を，自らがつくりあげてい
く。主体性・自律性を重視した働き方ができるようになると，これは教
職にとっての大きな魅力となる。

（4）　職能（成長）の魅力

　職務の質を高めるためには，持続的な学習が必要不可欠である。持続
的な学習は，バーンアウトの抑制要因である。元気に学び続け，成長し
続けることは，教職への適応において欠くことのできない要素である。
子供とともに学び，成長したい。このような教職動機を述べる学生は多
い。

　教員の職能成長の主要な機会は，勤務校にある。実践—省察の往還の

なかで，職能成長を図るシステムが多くの学校で整備されている。また，教育センター等での校外研修も，重要な職能成長の機会である。研修が楽しい。これは，それほど目立つものではないが，教職の魅力化において意義を持つ。授業実践・学級経営等に役立つ実用的な研修，若年教員相互の対話機会を豊富に取り入れたアクティブな研修，指導主事等による適切な支援，研修後交流会は特に若手教員のウェルビーイングを高める上で重要なイベントである。成長を実感することはもちろん幸せであるが，学ぶこと自体にも幸せを実感できる。研修の質の向上により，教職の魅力を高めるといった勢いが，教育センター等の研修機関には期待される。

学習課題

（1）　自分にとって，教職の魅力とは何ですか？

（2）　教職の魅力を高めるための手立てについて，提案してみよう。

参考文献

岡東壽隆・鈴木邦治『教師の勤務構造とメンタル・ヘルス』（多賀出版，1997年）

神林寿幸『公立小・中学校教員の業務負担』（大学教育出版，2017年）

島津明人『ワーク・エンゲイジメント　ポジティブメンタルヘルスで活力ある毎日を』（労働調査会，2014年）

高木亮『教師の職業ストレス』（ナカニシヤ出版，2015年）

高木亮・北神正行『教師のメンタルヘルスとキャリア』（ナカニシヤ出版，2016年）pp.156-182.

露口健司「管理職段階をめぐる課題」高木亮・北神正行『教師のメンタルヘルスとキャリア』（ナカニシヤ出版，2016年）pp.195-210.

露口健司「若年層教員のキャリア発達における信頼効果」『愛媛大学教育学部紀要』67，（2020年）pp.133-154.

露口健司・増田健太郎「初任段階をめぐる課題」高木亮・北神正行『教師のメンタルヘルスとキャリア』（ナカニシヤ出版，2016年）pp.156-182.

内閣府『「満足度・生活の質に関する調査」に関する第1次報告書』（2019年）https://www5.cao.go.jp/keizai2/manzoku/report01.pdf

HATOプロジェクト『教員の仕事と意識に関する調査』（愛知教育大学／ベネッセ教育総合研究所，2016年）

檜垣賢一・露口健司「教員のキャリア資本がウェルビーイングに及ぼす影響：縦断データのマルチレベル分析」『学校改善研究紀要』3.（2021年）pp.33-48.

Becker, E.S., Goetz, T., Morger, V., & Ranellucci, J. (2014). The importance of teachers' emotions and instructional behavior for their students' emotions: An experience sampling analysis. *Teaching and Teacher Education*, 43, pp.15-26.

Diener, E., Suh, E.M., Lucas, R.E., & Smith, H.L. (1999). Subjective well-being: Three decades of progress. *Psychological Bulletin*, 125(2), pp.276-302.

Lyubomirsky, S. (2007). *The how of happiness*. New York: Well Management, LLC.（渡辺誠監修・金井真弓訳（2012）.『幸せがずっと続く12の行動習慣』日本実業出版社）

OECD (2014). *TALIS 2013* results: *An international perspective on teaching and learning*. Paris: OECD Publishing. https://doi.org/10.1787/9789264196261-en

OECD（2019a）. *TALIS 2018 results: Teachers and school leaders as lifelong learners.* Paris: OECD Publishing. https://doi.org/10.1787/1d0bc92a-en

OECD（2019b）. *OECD Future of education and skills 2030: OECD learning compass 2030.* Paris: OECD Publishing. https://www.oecd.org/education/2030/ E2030%20Position%20Paper%20(05.04.2018).pdf

Schleicher, A.（2018）. *Valuing our teachers and raising their status: How communities can help.* Paris: International Summit on the Teaching Profession, OECD Publishing. file:///C:/Users/Owner/Downloads/Valuing-our-teachers-and-raising-their-status%20(1).pdf

Tsuyuguchi, K.（2021）The relationship between teachers' career capital and well-being in Japan, *Bulletin of the Faculty of Education,* Ehime University pp.101-120

Viac, C. & Fraser, P.（2020）. *Teachers' well-being: A framework for data collection and analysis.* OECD Education Working Papers No.213. https://doi.org/10.1787/ c36fc9d3-en

第4部　教員の職業─どのような職業なのか？（４）

15 | 75歳現役社会における教職キャリア論

露口健司

《**目標＆ポイント**》　本章では，75歳現役社会における教職の生き方の選択肢について検討する。最初に，75歳現役（教職50年）社会のイメージを確認する。次に，半世紀に及ぶ教職生活を充実したものとするために必要とされるキャリア資本（人的資本・心理資本・健康資本・経済資本・文化資本・社会関係資本）に言及する。そして，教職キャリアを適応期・成長期・移行期に区分し，75歳現役（教職50年）社会という近未来における教職の生き方についての選択肢を記述する。

《**キーワード**》　75歳現役社会，セカンドキャリア，キャリア資本，人的資本，心理資本，健康資本，経済資本，文化資本，社会関係資本，移行（トランジション）

1. 75歳現役（教職50年）社会の到来

　「人生100年時代」である。現在（以下2021年3月時点）の大学生は50％の確率で約100歳まで生きると言われている（Gratton & Scott, 2016）。22歳で教職を選択し，60歳定年まで全力で駆け抜けた後に退職し，公務員の退職金と年金で余生を過ごす。こうしたライフコースは，人生75年時代の昭和生まれの人々のものである。現在の大学生が今後生きる世界は，人生100年時代そして，「75歳現役社会」である。これからの世界では，公務員の定年が65歳に延長される見込みがあり，希望者に

対する70歳雇用の努力義務が使用者に課せられ，75歳からの年金受給開始が可能となる。65歳でひとまずの定年を迎え，75歳まで再任用を希望し就労するケース，つまり，75歳まで教職として現役で活躍し続けるケースが出現する。既に教員免許状更新講習で，63〜64歳の受講者の姿が散見されている（75歳まで免許が有効となる）。希望する者が75歳まで働くことのできる社会が形成されようとしている。齋藤（2018）では，人生を育成期（0〜25歳），活性期（25〜50歳），黄金期（50〜75歳），自由期（75〜100歳）の4期に区分し，25〜75歳の50年間を職業人の活性期として位置づけている。「教職50年時代」の到来である。もろちん75歳は1つの目安であり，今現在でも75歳を超えて教員として活躍されている方はたくさんいる。

　教職のゴールが60歳から15年先に延びる。38年（大卒22歳〜60歳）の現役期間が50年以上（学部22歳・大学院24歳〜75歳程度）に延長される。しかしながら，半世紀の間，子供たちと向き合い，教師を務めることができるであろうか。誰もが少なからず不安を覚える。しかし，後述するように，必ずしも約50年の教職キャリアのすべてを教師（teacher）として過ごす必要はない。また，約50年間，学校で授業や教育実践を行うわけでもない。教職キャリアは現在でもかなりの複線構造にあり，様々なキャリア選択肢がある。子供よりもむしろ，学校内の職員や保護者・地域住民等の成人と向き合う職としての学校管理職（manager），チーム学校を支えるカウンセラーやソーシャルワーカー等の専門スタッフ（specialist），研修事業や教育政策・事業をマネジメントする指導主事（supervisor）や教育長（superintendent）等の教育行政専門職，教員養成・現職教員研修に関わる大学教員（professor）等も，教職キャリアの選択肢に含まれる（露口，2018）。これらの職種は教育公務員としての教諭職からの変更を伴う「セカンドキャリア」である（指導主事の

場合は，定年退職後に就任するケースに限定）。教諭としてのキャリア
開発は，教員育成指標や研修体系のもと，教育センター等での研修を軸
に展開される（第２章参照）。一方，教職セカンドキャリア開発に対し
ては教育センター等の関与は稀少であり，リカレント教育機関としての
大学・大学院（教職大学院）での学習と資格取得が重要となる。

2.　75歳現役（教職50年）社会に求められるキャリア資本

　約50年間に及ぶ教職生活をより充実したものとするためには，「学び
続ける」だけでは不十分であり，それをも包括した「キャリア資本
（career capital）」の蓄積と活用が必要不可欠である（露口，2020）。
キャリア資本アプローチでは，教師は，職業・家庭生活等のなかで様々
な資本蓄積（ストック）を行い，自らが置かれる環境のなかで，それら
を有効に活用（フロー）することで生じるより良い生き方やウェルビー
イングに近接すると仮定する。そして，教員の職業・家庭生活の経験を
通して形成される資本をキャリア資本と呼ぶ。これは人的資本
（human capital）・心理資本（psychological capital）・健康資本（health
capital）・経済資本（economic capital）・文化資本（cultural capital）・
社会関係資本（social capital）等の相互関連的な多様な資本によって構
成される概念である。教員は生活経験を通して，職能開発を行い，ポジ
ティブな心理状態や健康状態を維持し，所得を向上させ，文化的素養・
良い習慣を身に付け，人とのつながりを醸成することで，ウェルビーイ
ングを実現しているのである。以下，各キャリア資本の概要について，
簡潔に記述する。

　人的資本：人的資本とは「個人的，社会的，経済的厚生の創出に寄与
する知識，技能，能力及び属性で，個々人に具わったもの」（OECD,
2001：18）である。教師のウェルビーイングは，教育専門職としての知

識・技能の習得や職能成長によってもたらされると考えられる。各種資格・免許の取得（資格），大学院での長期派遣研修（学歴），様々な研修や研究会への参加経験（学習歴）も人的資本の拡充であり，ウェルビーイングにつながるものと推察される。学校管理職を対象とした調査研究では，学習と成長の停滞を実感している管理職が情緒的に消耗する傾向にあることが明らかにされている（露口，2016）。学び成長し続け人的資本を拡充することが，情緒的消耗を回避し，ウェルビーイングを向上させるとする知見が示唆されている。

　心理資本：心理資本とは，効力感（efficacy），楽観性（optimism），希望（hope），再起性（resilience）の特徴を備えたポジティブな心理発達状態である（Luthans et al., 2007）。効力感とは，挑戦的なタスクを成功させるために必要な努力を引き受け，それを実行する自信を持つこと。楽観性とは，現在及び将来の成功について前向きな見通しを持つこと。希望とは，成功のために目標に向かって粘り強く取り組み，必要に応じて目標に向かうプロセスを柔軟に変更すること。再起性とは，困難と逆境に直面したときに，成功のために正常を維持し，跳ね返し乗り越えることをそれぞれ示す。教師の心理資本が心理的ウェルビーイングに対して正の影響を及ぼすこと，また，心理的ストレスとバーンアウト傾向を抑止し，職務満足を促進することが先行研究において解明されている（檜垣・露口，2021）。

　近年注目されているワーク・エンゲイジメント（work engagement）も，心理資本の一部であると考えられる。ワーク・エンゲイジメントは，「仕事に関連するポジティブで充実した心理状態であり，活力，熱意，没頭によって特徴づけられる」（島津，2014：28）と定義されている。心理資本の4要因と同様に，ポジティブな心理発達状態を示す概念である。教師のワーク・エンゲイジメントによる，ウェルビーイングの上昇

効果については国内で実施されたパネルデータ分析において既に検証されている（檜垣・露口，2021）。

　健康資本：健康資本とは，「健康」を教育や金融と同様に資本蓄積の対象として捉え，投資によって増加し，時間経過とともに自然に摩耗するという，健康資本理論（Grossman，1972）を基盤とする概念である。個人が使うことができる総時間は健康資本に依存するとされ，その健康資本は，加齢とともに減耗していくが，投資によって減耗を抑制し，資本を補填することができる。したがって，健康診断を受けたり，栄養を摂ったり，運動など健康管理に気をつけるような健康投資の時間を設けることは，健康資本を増やし，結果として将来の生産活動に使うことができる有益な時間を増やすことにつながる。

　健康資本には身体レベルと精神レベルがある。教師に当てはめると，若年層への身体レベルの健康資本増強の投資にはそれほど効果がなく，ベテラン教師への投資が効果的となる。ただし，精神的健康に着目すると，最も困難に直面しやすい，初任者や若年期における精神的健康への投資は効果があると考えられる。初任者・若年期教師及びベテラン教師の健康資本への投資が，健康資本の増強とウェルビーイングの向上に寄与すると考えられる。

　経済資本：即時的・直接的に金銭に変換できる財産権として制度化されたものであり，世帯収入や貯蓄・資産等がこれに相当する。教師の個人所得や世帯収入は，教職の魅力の規定要因として優先順位は低いが，ウェルビーイングと無関係ではない。一般成人を対象とした国内調査（内閣府，2019）では，世帯年収の増加が総合主観満足度を高めることを明らかにしている。ただし，2千万～3千万円ゾーンまでは世帯収入増加分が総合主観満足度を押し上げるが，そこを天井としてそれ以上の世帯では総合主観満足度が低下するという結果が報告されている。この

結果を踏まえると，教師の場合は，世帯所得の増加によってウェルビーイングが純粋に増加するものと推察される。

文化資本：文化資本とは，経済資本以外の文化的素養や学歴等の資産を示す概念であり，①身体化された文化資本（心身の習慣化された長期的特性），②客体化された文化資本（図書や楽器等の文化財），③制度化された文化資本（学歴・職業）の3つの形態（Bourdieu, 1986）に整理できる。ここでは，教師が保有する文化資本のうち，教師の職業特性とも言える「他者や地域への勤勉で誠実な奉仕貢献」を習慣化された長期的特性として着目する。教職に対する社会的信頼は，専門性の高さはもちろんであるが，教師らの勤勉で誠実な態度に裏打ちされた奉仕貢献行動にあると推察される。こうした教職の文化資本は，初任者研修以降，日常の勤務及び現職研修というシステムのなかで習慣化されていく。

社会関係資本：人々の社会的つながりの程度を示す概念であり，ネットワーク（所属・対話交流），規範（互酬性規範），信頼（信頼関係）といった社会組織の特徴（Putnam, 1993）に着目する。社会関係資本は，国家レベルから家族レベルまで，多様な集団単位のつながりが保有する利点を説明する概念として，多様な学問分野において活用されている（稲葉・吉野，2016）。教師の場合であれば，学級での児童生徒との関係，同僚や上司等との職場での関係，保護者との関係，地域住民との関係等の各次元において，多様な種類の社会関係資本があり，これらの蓄積・活用を通してウェルビーイングの実現を図っている。また，人的資本や心理資本をはじめとする多くのキャリア資本は，社会関係資本の質と量を基盤としている。教職はつながりのなかで学習・成長し，心理的安定を得て，心身の健康状態を維持し，キャリアアップを図り，教職適応的な文化を内面化していくものと考えられる。

3. 近未来の教職キャリア論

　前述の6種のキャリア資本の視点から，75歳現役（教職50年）社会を豊かに生きるための教職キャリアの選択肢について記述する。さすがに50年先は予測困難であるが，ひとまずは，この先15年程度の教員人口統計等を視野に入れた上で，適応期（5年目程度まで，教師として適応），成長期（15年目程度まで，教師として成長），移行期（15年目以降，教師継続かセカンドキャリア移行の分岐）に区分した上で，今後の展望を述べる。

（1）　適応期

　教師は，全キャリアステージを通して，各種資格・免許を取得・更新し，様々な研修や研究会に参加し，場合によっては大学院での長期派遣研修等によって学歴を更新する。こうした学習蓄積を通して自らの知識・技能・能力を高める。

　公立学校に勤務する教師は，教員免許状取得後，教員採用試験を経て教職に就く。その後，法定研修として初任者研修と中堅教諭等資質向上研修を経て最初の10年間程度のキャリアを積む。今日，多くの教師は，資格取得から10年目までこのようなキャリアを辿っている。ところが，近年，教職大学院の整備拡充により，大学院修了を経て教職に就く教員が増加しつつある。令和2（2020）年度の教職大学院修了（現職教員修了者を除く）の教員就職者数は693名であり，平成22（2010）年度の208名から10年間で約3.3倍の増加となっている[1]。平成21（2009）年度頃から，日本の大学進学率は50％を超えており，令和2年度では58.6％に至っている[2]。単純に考えると数年後には，保護者の2人に1人は大卒ということになる。教職が専門職としての地位を維持しようとするなら

ば，大卒レベルの保護者からの信頼を獲得できる，より高度な知識・技能・能力の習得とその証明である大学院修了（修士レベルの学歴）が必要であると言える（第14章，図14-4を参照）。

　適応期（特に1〜3年目の若年期）は，心理資本と健康資本の危機を経験しやすい（露口・増田，2016）。養成段階からの移行期に当たり，様々な適応問題に直面するために，ポジティブなマインドセット（心理資本）とメンタルヘルス（健康資本）のストックが困難な時期となる。近年，我々が実施した調査[3]では，若年期の心理資本と健康資本は，実は，学年内の同僚との関係によって，最も強い影響を受けることが確認されている。若年期の教員にとっては，児童生徒や保護者との信頼関係がうまくいかないのはある種当たり前であり，直面している困難を学年（部）の同僚がどのように信頼関係ベースでサポートしているかが重要

1）教職大学院は，実習校や教育委員会との連携による理論と実践の融合を基盤とするカリキュラム・指導体制が特徴的である。筆者の勤務校では，月・火が理論的な学び，水・木が実習校での実践的な学び，金がゼミでの「省察（融合）」という1週間のサイクルを設定している。①理論を通して実践を見る，②実践から理論を生成する，③生成した理論を実践で生かす，④実践省察による理論の修正を通して，実践的指導力を養成する。また，高度専門職人材の育成だけでなく，地域の先端研究拠点として，県内の研究推進をリードするとともに，地域の教育改革拠点として様々な地域教育委員会の教育改革に支援を提供している。なお，教職大学院の詳細については，日本教職大学院協会WEBサイト（https://www.kyoshoku.jp/index.php）に詳しい。なお，現職教員学生を除く修了者数のデータは文部科学省WEBサイト（https://www.mext.go.jp/content/20210129-mxt_kyoikujinzai02-000012488_1.pdf）を参照。

2）https://www.mext.go.jp/content/20200825-mxt_chousa01-1419591_8.pdf

3）A県内の1〜3年目教員を対象とした調査結果である（2020年11月実施）。信頼関係は，0〜10点の11件法で質問し，下位よりⅠ群は0〜4点，Ⅱ群は5〜6点，Ⅲ群は7〜8点，Ⅳ群は9〜10点で区分した。サンプルは，Ⅰ〜Ⅳ群の順に，児童生徒信頼（N=7, 63, 136, 43），保護者信頼（N=19, 105, 111, 14），同僚信頼（N=6, 59, 125, 59），管理職信頼（N=18, 61, 122, 48）である。分散分析の結果は，以下の通りである。児童生徒信頼：$F(3/245)=17.140$, $p=.000$, 効果量 $\eta^2=.173$. 保護者信頼：$F(3/245)=9.789$, $p=.000$, 効果量 $\eta^2=.107$. 同僚信頼：$F=(3/245)=30.563$, $p=.000$, 効果量 $\eta^2=.272$. 管理職信頼：$F(3/245)=16.843$, $p=.000$, 効果量 $\eta^2=.171$.

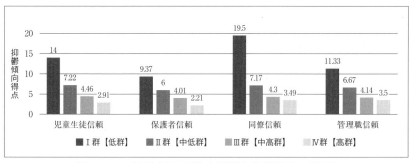

図15-1　教員を取り巻く信頼と抑鬱傾向の関係
出典：筆者作成

なのである（図15-1）。図15-1の抑鬱傾向はK6という尺度を使用している。この尺度（0〜24点満点）では，5点以上をリスク群，10点以上をハイリスク群，13点以上を超ハイリスク群と解釈する。児童生徒や同僚との信頼を0〜4点の範囲で評価している若年教員は，抑鬱傾向が超ハイリスクとなる確率が極めて高いのである。

　また，適応期では，学校内外において，校内研修や教育センター等の研修機会が提供されている。この他にも，大学が設定する研修講座，研究会や学会，通信講座や資格講座等，学習機会は豊富である。これらの研修講座等で生まれる人とのつながりは，若年教員にとっては生涯の財産である。

（2）　成長期

　教職キャリア10〜15年あたりは，その後のキャリア形成の方向を決める重要な時期である。この時期は，自分のストロングポイントを徹底的に磨き上げる時期でもある。近未来には，教育センター等の行政研修に，多くの教職大学院教員が参画するようになるであろう。また，履修証明

制度を活用することで，行政研修が大学院の単位として利用可能となる。大学院入学時には，履修証明の学習歴を修了要件単位に読み替えるのである。大学院独自の長期休業期間中や土日に開催する履修証明制度を活用したリカレント講座も単位化が可能である。履修証明制度を活用した教育センターと大学院の講座を受講し，単位を蓄積することで，現職教員は働きながら実習と課題研究の単位取得のみで教職修士を獲得できる。教職キャリア10〜15年頃に打ち込んだ課題研究テーマが，当該教員の生涯にわたるストロングポイントである。このストロングポイントを基準として，各学校の主幹・主任職，附属学校勤務（研究開発），教育委員会・教育センター等の指導主事等への配置を決定すると，学習成果の還元が今以上に促進される。例えば，学校教員から突然の人事で指導主事に就任するよりも，1〜2年間の教職大学院での学びを経験し，指導主事に就任したほうが，研修講座開発・運営や指導助言において高い効果が発揮できるであろう。教職大学院の受け入れ体制が十分に整備されていない今日，修士レベル率を40％水準（TALIS, 2018）に高めるためには，こうした履修証明制度を積極的に活用する方法が適当であると考えられる（あくまで過渡期の方法）。

　教職キャリア10〜15年目は，30歳代半ばから後半に相当する。この時期のキャリア資本の蓄積状況を確認してみよう。図15-2は，A県における県立学校教諭（N＝2,202）の年代ごとのキャリア資本（人的資本・心理資本・健康資本）の傾向を示したものである[4]。人的資本は1年間の学習歴，心理資本はワーク・エンゲイジメント，健康資本は抑鬱傾向をそれぞれ代理指標として設定している。また，3つのキャリア資本変

4）A県内の県立学校職員を対象とした調査結果である（2020年11月実施）。年齢分布は，25歳未満（N＝34），25〜30歳未満（N＝166），30〜35歳未満（N＝217），35〜40歳未満（N＝202），40〜45歳未満（N＝368），45〜50歳未満（N＝402），50〜55歳未満（N＝376），55〜60歳未満（N＝408），60歳以上（N＝20）である。分散分析の結果は以下の通りである。人的資本（学習歴）：$F(8/2184)=13.284$, $p=.000$, $\eta^2=.046$. 心理資本（ワーク・エンゲイジメント）：$F(8/2193)=1.171$, $p=.312$, $\eta^2=.004$. 健康資本（抑鬱傾向）：$F(8/2193)=3.341$, $p=.001$, $\eta^2=.012$.

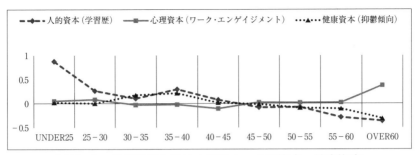

図15-2　各年代における人的資本・心理資本・健康資本
出典：筆者作成

数が比較できるようにＺアコア（平均値０，標準偏差１に換算）を使用している。35〜40歳代の教師は，25歳未満の教師に次いで学習量が多い一方で，抑鬱傾向が最も高い。学校内でもミドルリーダーとして重要業務や部活動を遂行しており，残業時間も長い。家族がいる場合は，経済資本面でも厳しい状況になることが予測される。修士号取得を促進する場合，10〜15年程度の教員が置かれる状況を考慮した上で，修学援助を含めた事業化が必要である。

　この他，１年間の学習歴（研修機会の数）は，年齢とともに減少すること，また，60歳を超えて再任用となるとワーク・エンゲイジメントが突然上昇し，抑鬱傾向が大幅に低下する現象が，あわせて確認されている。学習指導以外の業務から解放された教師の魅力溢れる世界が，ここに表出されている。

（3）　移行期

　15年目以上の教職経験を積み上げ，40歳前後になると，およそのキャリアの方向性が見えてくる。その後のキャリアは，教師（teacher）継続の他，学校管理職（manager），教育行政専門職（supervisor,

superintendent），大学教員（professor），専門スタッフ（specialist）
等への移行という選択肢がある。退職・早期退職を選択し教職経験を生
かしたボランティア（volunteer）として活躍するという道もある。こ
れらのキャリアルートのすべてが，教師の自由意志で実現するわけでは
なく，あくまで「選択肢」である。もちろん，定年まで教師（teacher）
を続けるという選択肢が教職キャリアの王道であり，大半の教師が継続
を選択するであろう。

1）　学校管理職（manager）への移行

　教諭として様々な主任職等を経験し，学校管理職（manager）へ向か
うキャリアコースが，今日，多くの自治体において強調されている。40
代の教員人口が少ないこと，管理職の担い手不足等がその背景にある。
例えば，愛媛県には，令和 2 年度時点で公立小学校が280校存在する。
単純計算で560名程度の学校管理職（校長・教頭）が必要である。一方，
教員採用抑制期の30〜45歳に相当する小学校教員人口は約1,286名であ
る[5]。愛媛県では2035年頃には，45〜60歳のうち，2 人に 1 人は学校管
理職に就任する計算となる。統廃合の促進，65歳までの役職延長措置，
小中管理職人事交流（ただし中学校教員も30〜45歳世代は公立中学校数
129校に対して726名程度しかいない），若手管理職の登用等の手段をと
らない限り，現状のように，45歳以上の教員人口で学校管理職を満たす
ことは困難である。現在の30〜45歳世代にとって，学校管理職は極めて
身近で具体的なキャリア選択肢なのである（既に学校管理職に就任して
いる者も多い）。

　教師（teacher）から学校管理職（manager）への移行期には，職務
特性・内容が授業（teaching）から経営（management）へと劇的に変
化するため，学び直しが必要不可欠である。年間数回の行政研修ではな
く，アメリカのように大学院において学び，修士号を取得して，学校管

5）令和元年教員統計調査の都道府県別・年齢別データによる。

理職の道に進むというキャリアコースが，リカレント教育の充実という点から見ても理想的である。管理職（候補者）養成コースを設置する教職大学院が増加しており，日本でも，大学院での管理職養成が始動しつつある。経済資本の観点からすると，校長の管理職手当は月額約5〜7万円程度であり，教頭の場合は約4.5〜5.5万円である（福岡市のケースであり，学級数に対応している）。学校管理職の大学院修了を推奨するのであれば，高度な資格に対応した給与水準の設定が必要である。

２）　教育行政専門職（supervisor, superintendent）への移行

　また，教育行政専門職（supervisor, superintendent）も，教職キャリアの一環に含めることができる（以下，市区町村対象，令和元年度地方教育行政調査[6]による）。言うまでも無く，指導主事は教職キャリアの一環である（教育委員会幹部職員を含む）。教育長職は，教職経験者の就任が顕著であり，教職経験者が74.6％（平成15年度は66.7％）となっている。教育行政経験有82.0％，平均年齢64.1歳等の情報を踏まえると，指導主事経験を有する校長が定年退職後に教育長に就任するコースが支配的となっている。教育行政専門職の養成は，兵庫教育大学大学院教育政策リーダーコースにおいて既に実績がある。教職員支援機構が実施している中央研修においても，今後，全国から優れた校長＝教育長候補を集め，短期集中的な養成事業を展開することが期待される。教育行政専門職は，本人の志願によらない人事異動方式が主流である。教育委員会が候補者を大学院等に派遣し，指導主事や教育長としての準備期間を設けることで，より円滑な移行が実現するのではないだろうか。

３）　大学教員（professor）への移行

　教職大学院の設置により，実務家教員の需要が全国的に高まっている。従来の教職課程担当の教授に加えての採用となるため，大学教員需要は全体的に増加している。つまり，教師（teacher）から大学教員

6 ）https://www.mext.go.jp/content/20201120-mxt_chousa01-100012455_b.pdf

（professor）への移行を経験する者が増加している。現在は，過渡期でもあるため，退職校長（学士）の任用者数が多い。ただし，今後は，修士号はもちろんのこと，博士号を取得した教師の採用が中心となるであろう。学部卒業後に教職大学院に進学した教員等は，学部卒業後に教職修士を獲得している。その後，研究を継続することで，博士課程に進学し，博士号（教職博士）取得の後，大学教員に移行するというキャリアを辿る者が，さらに増加すると推察される。教職大学院の整備拡充のなかで，こうした流れは顕在化しており，筆者の勤務校においても，県外内の小・中・高・特支の教員経験者の大学教員としての採用が急増している。

4）　チーム学校専門スタッフ（specialist）への移行

　近年，「チーム学校」体制の整備に伴い，スクールカウンセラー（SC）やスクールソーシャルワーカー（SSW）等の支援専門職（specialist）の拡充が進められている。多くの自治体では，SC の資格要件として公認心理師や臨床心理士等を，SSW の資格要件として社会福祉士や精神保健福祉士等を設定している。これらの資格を，教師を続けながら，あるいは退職後に大学院等で取得し，転職・就職するという選択肢もある。また，退職教員の場合は，教師としての経験を生かして，教員業務支援員，地域学校協働活動支援員，部活動指導員，学習支援員，情報通信技術支援員等のチーム学校専門スタッフとして活躍するという選択肢もある。ただし，チーム学校専門スタッフは，非正規雇用であり，経済資本の水準は高くはない（特に地方都市）。specialist 職については，経済資本の視点からの職の魅力づくりが必要である。

5）　ボランティア（volunteer）への移行

　教師には，退職後，NPO 法人等でボランティアとして社会活動に参加する者も多い。教職経験は，退職後も様々な場面で生きる。放課後の

学習支援，子供食堂等の福祉的支援，相談員，外国語学習支援等，枚挙
に暇が無い。特に，外国語学習支援は，近年の社会の多様化において重
要度が高く，海外日本人学校勤務等でグローバルキャリアを形成してき
た退職教員の存在は大きい。75歳現役社会とは，退職後も教師の経験を
生かして，有償・無償を問わず輝き続けることのできる社会なのである。

学習課題

（1）　チーム学校の専門スタッフには，どのような種類があるか，整理
　　してみよう。

（2）　75歳現役（教職50年）社会の生き方について考え，自分自身のお
　　よそのキャリアプランを描いてみよう。

参考文献

稲葉陽二・吉野諒三『ソーシャル・キャピタルの世界』（ミネルヴァ書房，2016年）
国立教育政策研究所『教員環境の国際比較　OECD 国際教員指導環境調査
　　（TALIS）2018報告書―学び続ける教員と校長―』（ぎょうせい，2019年）
齋藤孝『人生後半の幸福論〜50のチェックリストで自分を見直す〜』（光文社新書，
　　2018年）
島津明人『ワーク・エンゲイジメント―ポジティブ・メンタルヘルスで活力ある毎
　　日を―』（労働調査会，2014年）
露口健司「管理職段階をめぐる課題」高木亮・北神正行『教師のメンタルヘルスと
　　キャリア』（ナカニシヤ出版，2016年）pp.195-201.
露口健司「学び続ける教師」八尾坂修『新時代の教職概論―学校の役割を知る　教

師の仕事を知る―』（ジダイ社，2018年）pp.130-145.

露口健司「With コロナにおける新しい学校経営論」篠原清昭・大野裕己『With コ
ロナの新しい学校経営様式―ニューノーマルな教育システムの展望―』（ジダイ
社，2020年）pp.41-63.

露口健司・増田健太郎「初任段階をめぐる課題」高木亮・北神正行『教師のメンタ
ルヘルスとキャリア』（ナカニシヤ出版，2016年）pp.156-182.

内閣府『「満足度・生活の質に関する調査」に関する第1次報告書』（2019年）
https://www5.cao.go.jp/keizai2/manzoku/pdf/report01.pdf

檜垣賢一・露口健司「教員のキャリア資本がウェルビーイングに及ぼす影響：縦断
データのマルチレベル分析」『学校改善研究紀要』3，（2021年）pp.33-48.

Bourdieu, P. (1986) The forms of capital. Richardson, J. (ed.) *Handbook of theory
and research for the sociology of education.* Westport, CT: Greenwood, 241-258.

Gratton, R. & Scott, A. (2016). *The 100-year life: Living and working in an age of
longevity.* London: UK: Blooms bury Pub.（池村千秋訳『LIFE SHIFT―100年時
代の人生戦略―』東洋経済新報社，2016年）

Grossman, M. (1972). On the concept of health capital and the demand for health.
Journal of Political Economy, 80(2), pp.223-255.

Luthans, F., Avolio, B. J., Avey, J.B., & Norman, S.M. (2007). Positive psychological
capital: Measurement and relationship with performance and satisfaction.
Personnel Psychology, 60, pp.541-572.

OECD (2001) The well-being nations: The role of human and social capital, Paris:
OECD Pub. https://www.euro.who.int/_data/assets/pdf_file/0016/130756/
E60246.pdf

Putnam, R.D. (1993). *Making democracy work: Civic tradition in modern Itary.*
Prinston, NJ: Prinston University Press.（河田潤一『哲学する民主主義―伝統と
改革の市民的構造―』NTT 出版，2001年）

索 引

●配列は五十音順。

分担執筆者紹介

川上　泰彦（かわかみ・やすひこ）
　　　　　　　　　　　　　　　　・執筆章→1・6・13

1976年	兵庫県に生まれる
2000年	東京大学教育学部卒業
2009年	東京大学大学院教育学研究科博士課程修了（博士（教育学））
現在	兵庫教育大学大学院学校教育研究科教授
専攻	教育行政学，教育経営学

主な著書　『教員の職場適応と職能形成―教員縦断調査の分析と
フィードバック』（編著　ジアース教育新社，2021年）
『教職員の多忙化と教育行政』（分担執筆　福村出版，2020
年）
『教育の行政・政治・経営』（共編著　放送大学教育振興会，
2019年）
『公立学校の教員人事システム』（学術出版会，2013年）

諏訪　英広（すわ・ひでひろ）
　　　　　　　　　　　　　　　　・執筆章→3・11

1969年	鹿児島県に生まれる
1992年	琉球大学教育学部卒業
1997年	広島大学大学院教育学研究科博士課程単位取得退学
2017年	広島大学大学院教育学研究科博士課程修了（博士（教育学））
現在	川崎医療福祉大学医療技術学部教授

主な著書　『新版　教育制度と教育の経営』（共編著　あいり出版，
2021年）
『子供の学力とウエルビーイングを高める教育長のリー
ダーシップ』（分担執筆　学事出版，2021年）
『子どものために『ともに』歩む学校，『ともに』歩む教師
を考える』（共編著　あいり出版，2019年）
『ソーシャル・キャピタルで解く教育問題』（分担執筆　ジ
ダイ社，2019年）
『現代の教育課題と教育経営』（分担執筆　学文社，2018年）

高木　亮（たかぎ　りょう）・執筆章→ 7・12

1977年	岡山県津山市に生まれる
2007年	兵庫教育大学大学院連合学校教育学研究科岡山大学配属修了，博士（学校教育学）
現在	就実大学教育学部准教授
主な著書	『小学校教育用語辞典』（共編著　ミネルヴァ書房，2021年）

『教師として考え続けるための教育心理学』（共著　ナカニシヤ出版，2018年）

『チーム学校園を構築するための教師ストレス研究』（ナカニシヤ出版，2018年）

『教師のメンタルヘルスとキャリア』（共編著　ナカニシヤ出版，2016年）

『教師の職業ストレス』（ナカニシヤ出版，2015年）

『東日本大震災と学校』（共著　学事出版，2013年）

編著者紹介

露口　健司 （つゆぐち　けんじ）
・執筆章→ 2・10・14・15

1970年	徳島県に生まれる
2006年	九州大学大学院人間環境学府博士課程修了，博士（教育学）
現在	愛媛大学大学院教育学研究科教授
	国立教育政策研究所客員研究員，教職員支援機構客員フェロー，兵庫教育大学客員教授
主な著書	『子供の学力とウェルビーイングを高める教育長のリーダーシップ』（共編著　学事出版，2021年）
	『ソーシャル・キャピタルで解く教育問題』（編著　ジダイ社，2019年）
	『「つながり」を深め子どもの成長を促す教育学』（編著　ミネルヴァ書房，2016年）
	『ソーシャル・キャピタルと教育』（編著　ミネルヴァ書房，2016年）
	『ソーシャル・キャピタル—「きずなの科学」とは何か—』（共編著　ミネルヴァ書房，2014年）
	『学校組織の信頼』（大学教育出版，2012年）
	『学校組織のリーダーシップ』（大学教育出版，2008年）

大野　裕己 （おおの・やすき）
・執筆章→ 4・5・8・9

1973年	福岡県に生まれる
1996年	九州大学教育学部卒業
2003年	九州大学大学院人間環境学研究科博士課程修了　博士（教育学）
	大阪教育大学教育学部講師・准教授，兵庫教育大学大学院学校教育研究科准教授・教授を経て
現在	滋賀大学教育学系教授
主な著書	『Withコロナの新しい学校経営様式』（共編著　ジダイ社，2020年）
	『若手教師を育てるマネジメント』（分担執筆　ぎょうせい，2019年）
	『教育のための法学』（分担執筆　ミネルヴァ書房，2013年）
	『学校改善マネジメント』（分担執筆　ミネルヴァ書房，2012年）

放送大学教材　1529650-1-2211（テレビ※）

日本の教職論

発　行　　2022年3月20日　第1刷

編著者　　大野裕己・露口健司

発行所　　一般財団法人　放送大学教育振興会
　　　　　〒105-0001　東京都港区虎ノ門1-14-1　郵政福祉琴平ビル
　　　　　電話　03（3502）2750

※テレビによる放送は行わず，インターネット配信限定で視聴する科目です。
市販用は放送大学教材と同じ内容です。定価はカバーに表示してあります。
落丁本・乱丁本はお取り替えいたします。

Printed in Japan　ISBN978-4-595-32314-0　C1337